합 축 격
대한민국 대표 대학교
자신감과
용기백배

님께

사랑과 믿음으로 드림.

너 자신을 뛰어넘어라!

서울대 • 카이스트 • 포항공대 동시합격!

너 자신을 뛰어넘어라!

서울대 • 카이스트 • 포항공대 동시합격!

지은이 김 동 환

뜻이있는 사람들

목차

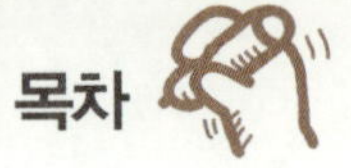

제3장 공부와 우정을 함께 나누자

제4장 효도가 따로 있나요

제5장 믿음보다 좋은 교육은 없다

꿈꾸는 세상은 아름답다

줄탁동시啐啄同時라는 말이 있다. 병아리가 알에서부터 태어나는 과정에 대한 것으로, 안에서 병아리가 알을 쪼는 '줄'과 밖에서 어미닭이 쪼아 깨뜨리는 '탁'이 동시에 일어난다는 의미이다. 즉, 일을 제대로 치루기 위해서는 안과 밖, 이 모두의 힘이 필요하다는 것이다.

SKY대라고 불리는 서울대, 연세대, 고려대, 그리고 카이스트와 포항공대…… 분명히 우리나라에서 손꼽히는 명문대들이다. 사람들은 이렇게 이야기 한다. 명문대를 다니는 사람들은 특별히 좋은 환경에 자라나서 저런 혜택을 누릴 수 있는 것이라고.

물론 그들이 환경적인 덕을 많이 봐서 좋은 대학교에 간 것일 수도 있다. 그렇지만 그것보다 더욱 더 그들을 명문대로 이끈 요인은 다른 데에 있는 경우도 많다.

스스로가 자신의 한계를 설정하지 않는다는 것! 목표와 비전이 필요하다. 이것은'꾸준히 하는 것'에 대한 결정적인 동기를 제공 해주곤 한다.

'내가 왜 이걸 해야 하지?' 라는 의구심이 들고, 집중이 자꾸만 풀리는 문제가 생긴다면 실마리는 바로 '목표설정'이다.

중. 고등학생들에게 적용하여 이야기를 하자면, 적어도 자신이 인문계, 이공계, 예체능계 중 어디에 적합한지를 파악하는 것부터 시작해서 그 속에서 구체적인 갈래를 정하여 대학에 입학하기 전에 학과 결정을 마무리 지을 필요가 있다는 의미이다.

물론 나 역시도 계열 선택에서부터 학과선택까지 굉장히 혼란을 겪었다.

인문계열, 자연계열을 넘나들며 고1 후반기에 계열 선택 직전까지도 끊임없는 고민을 했었다.

그리고 고2때 이과로 진학을 하고나서 언제는 물리, 천문학의 매력에 홀딱 빠졌다가도 화학에 관심이 쏠린 적도 있었고, 또 어떤 계기로 생물을 한참 파고들 때도 있었다.

고3이 되자 슬슬 학과에 대한 잠정적인 선택이 필요한 시점에, 이들 사이의 저울질을 해야 하는 것은 정말로 큰 곤욕이었다. 이 문제점에 대한 해결책은 '학문에 좀 더 깊이 들어가서 들여다보기'였다.

과학의 경우 그 한 분야에 대해서도 1,2로 나뉘어 총 8과목이 편성되어 있는데 (예를 들어 물리는, 물리1과 물리2로 나누어진다.) 그것을 모두 보고도 성에 차지 않는 느낌이 들었다.

또한 '이것이 진짜 나의 길이다.'라고 말할 확신도 들지 않았다. 그래서 그 학문들을 좀 더 깊이 들여다보고자 하는 마음으로 대학과정에 있는 일반물리, 일반화학, 일반생물 전공서적을 사거나 도서관, 친구, 선생님으로부터 빌려서 시간이 날 때마다 보기 시작했다.

평범한 일반고 학생들에겐 버거울 수 있다. 시간이 모자라다고 투덜댈 수도 있다. 왜냐하면 독학을 해야 하며, 또 막힘이 있을 때 도움을 받을 기회라는 것 자체가 적기 때문이다.

그러나 이것은 '자기하기'에 전적으로 달려있다고 생각한다.

아이큐 측정 상으로도 평범한 머리를 가지고 고1때 까지 선행학습이 없는 상태에서 시작하였지만, 자습시간에 틈틈이 또 시간이 날 때마다 독학을 한 결과로 많은 내용을 접해 볼 수 있었다.

지금 스스로 생각해보기에 허무하게 버리는 시간이 있다면, 그것을 아껴서 이런 의미 있는 투자를 과감히 실천해보라고 추천해주고 싶다.

내 경우에는, 초등학교 와 중학교 때까지 동네보습학원을 다니다가 고등학교 때부터 거의 학원에 다니지 않고, 학교 수업만 집중해서 들었으며 그 외엔 혼자 공부를 하는 습관이 들어서 그런지 큰 거부감이 들지 않았다. 게다가 진짜로 관심이 생겨서 하는 공부라서 그런지 더 그랬다. 그러나 어쩔 수 없이 어려운 부분이 나오기 마련이었다. 이런 것들은 실력이 비슷한 친구 몇 명을 꼬드겨서(?), 혹은 포섭해서 서로 피드백feedback(주고받기)을 하면서 공부하여 어느 정도 해결이 되었다.

그리고 그것으로도 해결이 안 되는 것은 주저 없이 교무실에 가서 선생님들께 질문을 했다.

마지막 최후의 수단은 인터넷 검색이나 고수들에게 묻는 것이었다. 인터넷 백과사전에는 엄밀한 증명과 설명이 나와 있지만, 그리 친절하고 상세하지 않은 풀이라는 단점이 있었다.

반면에 블로그 와 카페에는 사람들이 자기 나름으로 쉽게 터득하고 이해한 방법을 풀어놓은 경우가 많아 친절하다는 장점이 있어서 이 둘을 보완했다.

그리고 전문가에게 이메일을 보내거나 수준 높은 카페에 질문을 올리거나, 특정 전문가에게 1:1질문 신청을 하는 방법도 있었다. 간단히 이렇게 설명했지만 정말 중요한건 자신만의 해결방법을 찾아보는 것이다.

이런 노하우(?)는 작은 도움이 되고 시간을 절약하는 효과도 있겠지만, 사람마다 필요한 정보의 유형이나 성향이 각각 다르기 때문에 '자기 맞춤형'공부 방법을 구축 하라고 추천해주고 싶다.

하지만 이렇게 말하는 나도 중3 여름방학 전까지 누구도 못 말리는 게임중독 상태였다.

그러다 우연한 기회에 부모님의 믿음을 깨닫게 된 후, 스스로 컴퓨터, TV, 휴대폰을 끊고 6개월 동안 게임금단증상을 겪으면서 공부에 전념하기 시작했다.

고등학교에서 만난 친구와 경쟁관계가 아닌 공존관계로, 함께 학문을 탐구하는 참된 기쁨과 우정의 소중함도 느꼈다.

더불어 내게 바른 품성, 끈기, 강인한 체력, 꾸준히 공부할 수 있는 원동력을 배양 해주고, 북돋아 주신 훌륭한 선생님들의 투철한 사명감에 감사하고, 공부를 하면서 '널리 베푸는 것의 아름다움'을 깨달았다.

장차 커서 무엇을 하면 사람들에게 보탬이 될까? 이제 그 질문이 삶의 목적이자 행복이 되었다. 문득 접한 신문기사. '핵융합이 대체에너지의 미래다.' 그때부터 커져만 갔던 핵공학에 대한 관심이, 물리학을 공부하면서 더욱 커져만 갔다.

지금 인류의 현재와 미래에 가장 큰 문제로 떠오른 무한 에너지사용문제, 그 해결책에 조금이나마 일조하는 것에 꿈과 열정을 걸기로 결심하면서, 그 어느 누구도 학문에 대해 샘솟는 열정을 멈출 수 없는 커다란 이유가 되었다.

우공이산愚公移山이란 말이 있다.

"굳은 의지를 가지고 노력하면 반드시 성공한다."는 뜻으로 공부에서도 꿈을 갖고 열심히 노력하면 불가능은 없다.

공부에서 좋은 결과를 기대하는 학생이라면 늦었다 포기 말고, 지금 당장 마음을 다 고쳐 잡고 스스로 공부에 대한 열의와 흥미, 목표를 갖고 도전하자!

진실한 꿈과 열정을 이기는 전략은 없다.

"공부와 지식은 다 함께 나누는 것" 이라는 생각과 마음으로, 체험과 경험에 대해 진실하게 쓰고자한다.

"불가능은 없다." 공부에서도 이 말은 예외가 아니다.

아울러 부모님께 항상 들었던 “공부 힘들지?”라는 따뜻한 위로와 격려의 메시지를 담아 전국의 학생들에게 보낸다.

2011년 12월 김동환

조선일보 · 우등생 공부법

“문제풀이보다 개념서 위주로 기본 다졌어요”

서울대·포스텍·카이스트 동시 합격한 김동환군

조선일보 2011. 1. 10

서울대·카이스트·포스텍 3관왕 장충고 김동환군의 대입 성공비결

“화려한 수상·활동 경력 없었지만 자기소개서에 나만의 열정 표현”

한국일보 2010. 12. 29

엄마생각

소년한국일보

게임짱 '공신'되다

소년한국일보 2011. 3. 22

게임 지존, 서울대 가다

수학동아 4월호

꿈과 열정을
이기는
전략은 없다

예측불가, 허를 찔리다

작년 겨울 일이다. 태어나서 처음으로 서울대에 가게 되었는데 그것이 바로 면접날이었다. 부모님께서 은근히 들뜨셨는지, 따라가시겠다며 며칠 전부터 안달이 나셨다.

반면에 나는 심적 부담감 때문이었는지, 유독 면접날 같은 때에는 혼자 가겠다며 부모님을 만류했다. 한참의 실랑이 끝에, 결국 어머니가 따라 나오시기로 했다.

대망의 면접날 아침, 준비를 하려고 지하철 노선도를 확인해 보았다.

어렸을 적부터 서울의 중심부에 살고 있어서, 지하철을 타면

1시간이내로 어디든 갈 수 있는 것이 예사였다. 그래서 서울대도 역시 그리 멀지는 않다고 생각했다. 몇 정거장 가면 되는지 대충 눈짐작으로, 예상소요시간을 35분으로 잡았다.

'음, 그럼 넉넉하게 50분쯤 전에 가면 되는 건가?' 혼자 속으로 생각했다.

어머니는 더 여유를 가지라며 일찍 나가자고 권하셨다. 그렇게 그 말씀에 따라, 면접 1시간 10분 전쯤 집에서 나서게 되었다.

그런데 그날따라 이상하게 꼭 승강장에 내려가기만 하면 열차가 떠나는 모습이 보였다.

3호선과 2호선 모두 그랬다. 헐레벌떡 서울대입구역에 도착하니 50분정도가 지나있었다.

그래도'학교입구에서 고사장까지 가는데 얼마나 멀겠어.'하면서 별다른 걱정을 안했다. 하지만 문제가 발생했다. 막상 출구 밖으로 나가보니, 흔히 TV나 신문에서 보이던 서울대의 정문 상징물인 '샤'가 없는 것이다.

뭐야, 잘못 온 건가? 순간 당황스러웠다. 출구 바깥 주변을 둘러보니, 놀이공원에 가장 인기 있는 기구라도 기다리는 마냥 많은 사람들이 줄을 서고 있었을 뿐이다.

자세히 보니, 버스를 기다리는 줄이라는 걸 깨달았다. '아니,

무슨 버스를 타겠다고 사람들이 이렇게 줄을 많이 서나.', '서울대에 가는 버스인가?' 게다가 이 줄이 한 줄이 아니라 세 줄이었다. 버스가 세 종류가 서나 보다. 몇 번 버스를 타고 가야하지? 세 줄 중에서 어디에서 기다리지? 인산인해를 이루는 그 거리에서 방향감각을 잃은 기분이 들었다.

어리둥절하여 주변을 헤매다가 급한 마음에 택시를 잡아타기로 했다.

사람이 워낙 많아 택시 하나도 잡기 힘들어 보였는데 어떻게 운이 좋아서 금방 타게 되었다. 택시의 빠른 질주로도 5분정도의 시간이 걸려 서울대 정문 앞에 도착했다.

'샤'라고 보이는 그 정문의 모습이 너무 반가웠다. 그래서 얼떨결에 그곳에서 내리고 얼마 안남은 시계바늘을 쳐다보고는 고사장을 찾아 무작정 뛰었다.

"아오, 난 지각인생 인가봐. 면접날에도 또 이렇게 뛰면서 고생을 하네.", "학교는 또 뭐 이리 넓어서."중얼중얼 거리며 뛰었다.

면접고사장을 찾아가는 동안 엄마랑 서울대에서 실컷 조깅을 한 것이나 마찬가지였다.

5분이 넘게 쉬지 않고 헉헉거리며 뛰어서 목적지에 도착했다.

시간을 보니 거의 턱걸이였다. 사실 한 1, 2분정도는 늦었다.

낯선 고사장 건물에 들어서기 전, 다양한 학과의 서울대 선배님들의 응원물결을 보았다.

그 중에서도 유독 높이 펄럭이는 원자핵공학과 깃발을 들고 응원 나온 선배님들의 모습이 보였다. 반가운 마음에, 문득 아는 척을 하고 싶었다. 하지만 한 시가 급한데, 그 열렬(?)하고도 어색한 응원을 잽싸게 받고나서 터벅터벅 면접대기실로 들어갔다.

마치 모의고사나 수능시험이 있는 날의 교실 배치를 보는 것처럼, 나란하면서도 듬성듬성하게 책상이 떨어져 있었다. 엄숙하고 조용한 분위기 속에서, 면접을 보러 온 다른 친구들을 보니 서먹한 분위기 속에도 각자 준비한 멘트를 조용히 되새기는 것 같기도 했다.

혹여나 면접관님이 자기소개서의 꼬투리를 잡고 물을까봐, 걱정되는 마음에 그것을 뚫어져라 읽어보는 친구들도 있었고, 당혹스러운 질문을 할 것에 대비하여 만들어온 회심의 예상 문답(?)을 손으로 직접 열심히 써온 친구들도 군데군데 보였다.

'에이 뭐, 면접이 하루 이틀 벼락치기도 아니고 그냥 평소만큼만 긴장 안하고 보자.'생각하며 마음을 접었다.

출력해온 자기소개서와 예상 질문지, 생활기록부를 가방 속에 꼬깃꼬깃 집어넣고, 대기실 앞에 준비된 생수를 벌컥 벌컥 마시며 심호흡을 했다.

근데 자꾸만 이상하게 머릿속이 새하얗게 백지가 되는 느낌을 받았다. 자신감을 갖고 발표하고 싶은 것이 생겨도 막상 많은 사람들 앞에 서게 되면, 야심차게 준비했던 그 수많은 필살무기들을 잊어버리는 현상 말이다.

순간 초조해졌다. '아 어떡하지.' 주변을 둘러보니 앞 순서에 학생들이 하나하나씩 면접을 보러 대기실을 빠져나갔고, 얼마 안 있으면 내 차례가 올 것 같았다.

불안한 마음에 양손을 덜덜 떨며 왼손 안쪽 바닥에 번호를 매기고 간단한 글을 쓰기 시작했다. '오늘 면접에서 이것만큼은 꼭 면접관님들한테 전달해서 어필하고 와야지.' 속으로는 이런 생각을 한 것이다.

자기소개서를 이미 제출했지만, 분량제한으로 인해 혹은 작성 당시에 기억이 잘 안 나서 나의 혼신을 쏟지 못했다. '이것이 바로 나다.'라고 말할 수 있는 대표적인 특징을 모두 담을 수는 없었던 것이다.

떨리는 마음을 애써 누르려고 떨리는 손으로 자그마한 손바닥

안에 무언가를 적었다.

그리고는 "김동환학생"하고 부르는 준비요원의 지시에 따라 대기실을 빠져나갔다.

면접고사장 바로 앞에는 자그마한 책상이 있었고, 아직 앞에 한 학생이 면접을 보고 있었으므로 그곳에 앉아서 기다렸다. 그러면서 아까 열심히 새겼던 손바닥의 글씨를 암송하고 있었다. 그런데 갑자기 앞에 있던 면접요원이 그러면 안 된다고 하는 것이었다.

마치 부정행위라도 발견한 듯이 그런 다급한 말투로 "그거 그러면 안 되죠. 얼른 화장실 가서 지워요"하는 말을 듣고 순간 공황상태에 빠졌다.

연설을 할 때 대본이 있는 것처럼, 핵심내용을 잊지 말아야지 하는 생각으로 써갔던 것이 퇴짜를 맞은 것이다. 괜히 큰 죄라도 지은 마냥 마음이 머쓱해졌다.

급하게 화장실로 뛰어 들어가 손바닥을 빡빡 문질러 씻은 후, 찬물로 적셔진 손으로 뒤통수를 박박 긁으며 제자리로 돌아왔다.

그렇게 경황이 없는 상태에서, 곧바로 면접을 보러 들어갔다. 혼돈스러운 당시의 심리상태와는 정반대로, 인자 해보이시는 교수님 두 분께서 좌우로 앉아계셨다.

나: 안녕하십니까?

좌: 그래, 김동환 학생 반갑네.

(엄청 큰 프린트 물을 넘기며, 뒤적뒤적).

음, 학생은 공대에 지원했는데도 불구하고, 물리2를 수강하지 않았구나?

나: 네? 아닙니다. 3학년 생활기록부에 잘 찾아보시면 수강한 내용이 있….

좌: 아, 여기 숨어있었구나! 하하하.

나: (안도의 한숨)

우: (역시 큰 프린트 물을 넘기며) 학생 성적을 보니, 3년 동안 수학과 과학이 거의 다 1등급인데, 2학년 때 확률과 통계에 2등급이 하나 있구나. 이건 어찌된 영문인가?

나: (평상시에도 마음에 걸렸던 부분을 찔린 것 같아 놀람) 아, 당시에 서술형에서 10점이 넘게 감점된 문제가 있어서 점수가 저조했습니다.

교과서적으로 딱 맞는 풀이가 아닌, 독특한 시각으로 문제를 바라보았다가 선생님의 의도와 맞지 않아 그렇게 되었습니다.

우: 음, 그렇구나. (어느 정도 납득이 가시는 듯, 특유의 인자한 웃음을 지으시며)

여기 소개서에 보니 학생이 핵융합에 관심이 많다고 쓰여 있는데, 그럼 자네가 생각하는 핵융합이 무엇인데?

나: 아, 저는 어렸을 때부터 에너지문제에 관심이 많았습니다. 기존의 화석연료는 탄소라는 원소를 산소와 화학반응을 시킴으로써, 총 에너지 함량의 변화로부터 에너지를 얻어왔습니다.

반면에, 현대에는 과학기술의 발전에 따라 양자역학과 같은 이론으로 인해 더욱 미시적인 세계를 볼 수 있게 되었습니다. 분자보다는 더욱 근본적인 수준으로, 핵과 핵사이의 결합에 의해 얻어지는, 즉 핵력에 의한 커다란 안정화효과로부터 얻는 핵융합에너지가 미래 대체에너지 구상의 해답이라고 생각하고 있습니다.

좌, 우: (동의 하시는 듯이 끄덕이시며)

우: 오, 그래. 어디서 많이 본건 있나보구나!

나: 네, 평소부터 관심이 많았기 때문에, 항상 머릿속에 정리를 하며 다니고 있습니다.

좌: 음, 학생의 출신이 장충고등학교로 되어 있는데 (우리 학교 이름을 알고 있어서 깜짝 놀람), 그럼 어디 대 장충을 한자로 칠판에 한번 써보렴.

나: 네? 한자로요? (너무 어이없는 질문에 가슴 속부터 웃음이 턱 끝까지 차올랐다.)

아. (들썩거리며 웃음을 참아내는데, 당혹감으로 주체하기도 힘든 상태였다.)

(충은 충성 충忠인 것 같은데, 장은 뭐지? 아휴, 진짜 모르겠는데. 그냥 길 장長에 벌레 충蟲으로 써서 확 웃겨드릴까? 장충, 장충이라. 긴 벌레? 아, 안 되는데. 안 되는데!)

(이렇게 약 20초간 한손으로 턱을 괴고 머리를 싸매며 고민을 하고선) 죄송합니다! 다음부터 한문을 열심히 익히겠습니다. (민망함에 쑥스러운 웃음을 지으며)

좌: 그래, 이 대학에 들어오면 한문공부도 열심히 해야겠지? 그럼 다음으로는 영어질문 좀 해볼게.

(어라? 여…영어?)

너의 롤 모델이 있다면, 누군지 말하고 그 이유를 말해봐.

나: 아, 영어로요? (정말 믿기지 않는 듯한 심정으로)

@!#@$!@$#&^$%&…….

(10~20초 어물거리다가 도중에 말문이 막혀서 잠시 정적이 흐른 뒤, 그만두었다.)

(서울대 면접에서 영어회화가 나올 줄은 전혀 예상하지 못했다.

KAIST는 영어면접을 보기로 유명했지만.)

죄송합니다. 이 다음부분 부터는 어떻게 영어로 표현을 해야 할지…. 제가 회화가 많이 부족하네요.

좌: 음, 수학 과학은 확실히 잘하는데 영어랑 한문이 좀 부족한가보구나…. 열심히 할거지?

나: 네. (민망함에 웃음이 저절로 나며)

우: 학생은 이번에 수능을 잘 치렀나? 수학 점수가 궁금한데, 혹시 말해줄 수 있겠나?

나: 93점 맞았습니다. (그나마 지금까지 면접이 진행되는 동안 가장 자신 있게 대답하며)

좌: 수리영역이 어려웠다는데, 굉장히 잘 보았구나.

나: 네, 이번에 수학이 많이 어려웠습니다. (기분이 갑자기 좋아져서, 입이 쩍 벌어지는 미소)

우: 이번에 연평도 포격 사태에 대해 학생은 어떻게 생각하는지 묻고 싶네.

나: 어떤 측면에 대해서인지 조금 더 구체적으로 말씀해주시겠습니까?

우: 그러면, 우리가 그들에게 1배로 반격해야 하나, 2배로 반격해야하나, 10배로 반격해야할까?

나: 우선은, 안타까운 일이긴 하지만, 연평도라는 작은 섬이 공격을 당하여 그나마 피해가 적어서 불행 중 다행이라고 생각합니다.

하지만 전체 인구의 4분의 1이나 사는, 서울과 같은 인구 밀집지역에 폭격이 내리친다면 어떻게 될까요. 물론! 이 서울대학교도 그 폭격으로 날라 갈 수 있습니다.

좌, 우: 하하하.

나: 따라서 직접적으로 큰 피해를 입지 않기 위해, 확전을 최소화 하는 것이 첫 번째 방안이라고 생각합니다.

그러면서도 우리가 할 수 있는 것은, 그들에게 호락호락 당하고만 있는 상대가 아니라는 경고메시지를 담은 수준의 대응 사격이라고 생각합니다.

좌, 우 : (끄덕끄덕) (마침 시간 종료신호, 똑똑똑) 잘 가게. 나갈 때 의자 안 걸리게 조심하고.

좌충우돌 자습실 공략기 1

새자(새벽자율학습의 준말)의 탄생

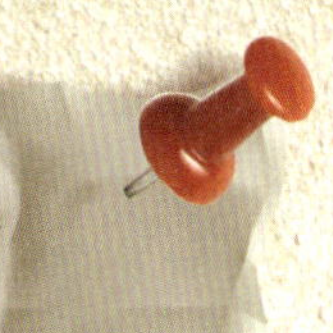

학교 명문관(자습실 이름)의 터줏대감역할을 하는 친한 친구 오성균과 오늘도 어김없이 밤 12시까지 야자를 하고, 못내 미련이 남아 서로가 아쉬워한다.

그러나 아쉽다고 제한시간에 굴복할 우리가 아니다. 그럼 어떻게 하면 문을 잠그러 오는 경비아저씨를 따돌리고 이곳에서 더 공부를 할 수 있을까? 여러 가지 방법에 대해 상의를 한 끝에, 가장 원초적인 생각을 실천하기로 했다.

책상아래 몸을 구겨서 넣고 의자를 최대한 몸 쪽으로 끌어당겨놓는 방법이다.

오, 결과는 성공적이었다. 경비아저씨 입장에서는 그 꼭두새벽에 학생들이 숨는다는 것 자체를 생각하지 못했을 것이다.

그렇게까지 열성적인 학우가 지금까지는 존재하지 않았을 테니까. 이렇게 12시가 조금 넘은 시간이 되면, 매번 긴장감이 맴돈다. 우리는 귀를 쫑긋 세우며 공부를 한다.

저 멀리 복도에서 들려오는 경비아저씨의 특유의 발소리(?)를 들어야 하기 때문이다. 그래서 소리가 들린다싶으면 여지없이 스탠드를 끄고 바로 그 자리 아래로 숨었다. 우리는 마치 소음기를 달아놓은 권총으로 탄알을 발사 한 것처럼, 거의 소리도 없이 매우 빠르다.

출입문이 끼익하고 열린다. 우리의 심장박동은 점점 고조된다. 그러다가 어두운 배경 틈사이로 경비아저씨의 다리가 지나거나, 혹시라도 잠깐 멈칫하는 그의 동작을, 눈이나 귀로 느낄 때면 온몸이 소름으로 전율한다.

몇 번의 위기 순간을 절감하면서 오늘도 여지없이 성공이다. 아저씨가 순찰을 마치고 밖으로 나가서, 경계태세가 풀리고 나면 우리는 의기양양한 미소를 날린다. 이젠 이 정도는 별거 아니라는 듯이 말이다. 이렇게 가장 원초적이면서 쉬운 방법으로 새벽의 자습실을 공략해냈다. 그러나 언제 한 번의 결정적인 사건으로 인해 우리의 전략은 총체적 난국으로 치닫기 시작한다.

좌충우돌 자습실 공략기 2

전환기의 전초를 알리는 일대의 사건

어느 날이었다. 이제 자습실 공략쯤은 "식은 죽 먹기다." 하며 100%성공률을 자신하던 오늘도 자연스레 12시의 발소리를 듣고 책상 아래로 몸을 파묻는다.

평소대로 문은 '끼익~!'소리를 내며 열렸다. 그런데 갑자기'뿌웅 ~!'하는 소리가 들리는 것이다. 더 정확하게는 '끼익~ 뿌웅 ~!' 이었다.

이게 무슨 소리냐고? 그렇다. 이곳에는 당연히 아무도 없는 줄 아시고 수축된 괄약근을 편안히 푸신 것이다.

즉, 이는 누가 판단하더라도 분명한 문소리와 방귀소리의 화음이었다. 그 아름다운 소리에 감탄한 나머지 우리 둘은 웃음을 참을 수 없었다.

최대한 안면근육을 고정시키기 위해 비상사태를 선포했으나, 이미 그 아래에서 놀란 심장은 손으로 꽉 부여잡아도 철렁일 만큼 상하로 쿵쾅쿵쾅 뛰었다.

“히. 히, 히, 히, 히. 히, 히…” 최소한의 소리로 삭히는 웃음이었다.

그런데 성균이와 나는 서로가 웃음을 참으며 안달 나있음을 직감적으로 느끼게 되고. 그렇게 암묵적인 합의 하에 웃음을 터뜨렸다.

“푸 하, 하, 하, 하, 하, 하….” 경비아저씨가 도리어 민망해질 만큼 너무도 큰 웃음이 났다. 결과는 당연지사, 우리는 꼬리가 잡혔다.

몇 번씩이나 우려먹던 그 방법을 다시는 사용하지 못하는 것은 물론이고, 새벽마다 이곳에 숨는 우리의 정체마저도 탄로나 버렸다.

아마도 경비아저씨를 민망하게 만든 주범으로서 겪어야 할 벌인가보다.

쓸쓸한 패배자의 모습으로 어두컴컴한 밤길을 같이 걸으면서 이런 대화를 했다.

“와, 동환아! 저거 만약에 우리 웃음을 터뜨리게 한 다음에 잡아내려고 그런 거였으면 대박이다”

“헐, 진짜 그러면 경비아저씨 지능지수 대박…”

그 때부터 우리는 그 경비‘님’을 브레인Brain이라고 부르기 시작했다.

그날 사건 이후 좀 더 새로운 국면을 맞이하게 된다.

일명 경비아저씨의 철통 보안시스템의 견제와 우리의 막강 창의력, 노가다 근성의 결합체가 대결구도로 맞부딪치기 시작한다.

좌충우돌 자습실 공략기 3

새로운 국면의 시작, 철통 보안 시스템의 도입

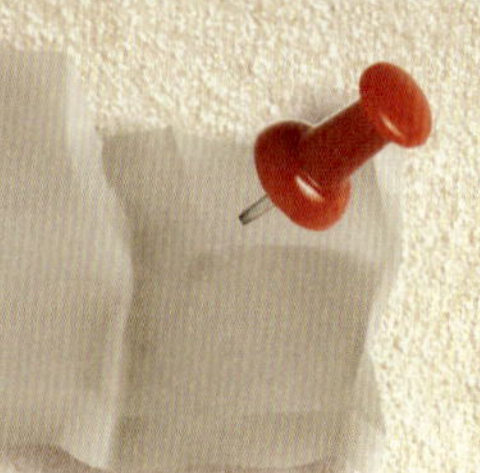

"어디 제대로 숨을 만한 곳 없나."하면서 능청스럽게 자습실을 쭉 둘러보았다. 우선 24개의 책상이 보였다. 배열 구조는 커다란 3개의 책상들이 한 덩어리로 뭉쳐있고, 그 덩어리가 2행 4열로 놓여있는 것이었다.

잘 보아하니 책상이 독서실전용이라 사람의 키만큼 높았고, 또 3개씩 뭉쳐있으니 너비도 충분하여 마치 담벼락에 몸을 숨기듯이 할 수 있겠다는 생각이 들었다. "고개만 살짝 숙이면 책상 반대편에서 전혀 안 보이는데? 그리고 경비아저씨는 우리보다 발도 느리니까 소리·없이 요리조리 잘만 피해 다니면 괜찮겠다." "흐 흐 흐, 좋아. 한번 해보자!" 시계를 보니, 12시 3분. 우리가 통계적으로 분석했을 때 주요 출연시각인 12시 5분과 멀지 않았다. 그때였다. "푹, 푹, 푹" 경비아저씨가 애용하는 그 푹신한 슬리퍼의 소리. 복도 끝에서 자습실까지 떨어진 그 20m의 거리를 걷는 동안 울려 퍼지는 바로 그 소리! 점점 더 크게 다가온다.

비상이다. 우리는 그 짧고 짧은 순간에 많은 일들을 해내야만 했다.

너저분하게 펼쳐진 많은 책, 필기도구 그리고 가방을 책상 위쪽에 있는 사물함에 쑤셔 넣고, 아차 하는 순간에 떠오른 현관에 놓인 우리 신발! 어떻게 하지, 어떻게 하지 사물함에 넣기엔 구린 냄새가 날 텐데. 에라, 모르겠다. 급한 대로 창밖으로 던져버리고. 마지막으로 현관으로부터 가장 멀리 떨어진 쪽으로 달려가 잠자코 서 있는 바로 그 찰나에! "끼익~!"하는 소리와 함께 문이 열린다.

거의 숨이 멈추는 것 같았지만, 애써 참으며 현관에서 슬리퍼를 벗은 후 양말만을 신은 채 안쪽으로 접근해오는 그분의 발자취에 최대한 집중했다.

우리는 딱 현관으로부터 대각선방향에 있었다. 현관문 방향으로 직진해서 걸어오시는 느낌을 받았다. 족제비처럼 날렵하게 그 방향을 등지는 곳으로 피했다.

그렇게 계속 경비아저씨가 순찰을 돌고 있는 위치를 짐작하며 책상을 등지고 숨어 다녔다. 그러던 도중, 청천벽력과 같은 말 한 마디가 뚝 하고 떨어졌다. "거기 누구 있냐." "……"

"거기, 누구야. 얼른 나와." 성균이가 슬금슬금 경비아저씨 앞으로 나왔다. 알고 보니, 경비아저씨가 어느 위치쯤에 있는지 책상너머로 보기위해 까치발을 들었다가 괜히 눈을 마주쳐 버린 것이었다. "하아..." 탄식을 하며, 아쉬운 걸음으로 경비아저씨 앞을 어슬렁거렸다. 아, 정말 투수입장에서 연타석 홈런을 맞은 것만 같은 기분이었다. 사실 우리는 순전히 더 오래 남아서 잠자코 공부를 하려는 의도인데, 꼭 이렇게 걸리고 나면 무슨 큰 죄라도 지은 마냥 기분이 묘하다. 무엇보다도 민망함에 자꾸만 웃음이 난다.

이 사건 이후에도 여러 차례 어색한 방법으로 숨다가 경비아저씨의 강력해진 보안수준에 참패하고 말았다.

12시가 넘었는데 계속 오지 않다가 갑자기 새벽 1시가 되어서는 불현듯 나타나거나, 혹은 이미 점검을 하고 나서도 몇 분이 채 안되어 다시 들어 닥치는 등 여러 차례 우리를 놀라게 했다. 또 특별히 기억나는 사건은 현관 반대편에 있는 창문 밖으로 나가서 문을 닫아놓고 쭈그려 앉아 숨었는데, 경비아저씨가 안쪽에서 창문 잠금을 해놓아서 감금 된 일이다.

엄청나게 추운 한 겨울이었는데 정말 얼어 죽을 것 같았다. 이렇게 고난도의 견제가 들어오는걸 보고 친구들과 이렇게 이야기 하곤 했다.

"장충고등학교는, 재야에 묻혀있는 보안업계의 인재다."

. "와, 뭐지 진짜. 전직 CSI요원 출신이었나?" 연세는 많으셨지만 정말 만만한 상대가 아니라는 걸 절실히 느끼고 나서야, 더욱 완벽한 방법을 모색하기 시작했다.

좌충우돌 자습실 공략기 4

승자의 여유, 우리가 드디어 해냈다!!

고등학교 졸업 때까지 단 한 번도 들통이 나지 않고 요긴하게 숨었던, 정말 기가 막힌 장소가 있다. 다른 어느 곳과도 비교할 수 없을 만큼 좋은 장소다.

그곳은 바로 '청소도구함 속'이다. 대부분의 초, 중, 고등학교에서 거의 동일한 청소도구함을 사용하고 있다.

주번을 한번쯤 해보았다면 알겠지만, 그것은 보통 양쪽으로 문이 열리도록 생겼다. 안쪽을 들여다보기 위해 왼쪽 문을 열면 빗자루를 꽂는 부분이 나오고, 반대로 오른쪽 문을 열면 대걸레자루를 꽂는 부분이 나온다. 특히, 오른쪽은 대걸레를 놓는 부분이어서 그런지 좀 공간이 넓다. 이 사실에 착안하여, 성균이가 아이디어 하나를 내놓았다.

"동환아, 여기 숨으면 진짜 끝내주겠다." 그러면서 들어가 보려고 끙끙대며 몸을 들이밀었다. "......" "쿵, 쿵, 퍽, 퍽" "아!! 너무 아파." 몇 차례의 정적과 마찰음 그리고 가끔 들려오는 비명소리 뿐이었다. 우리학교에서 엉덩이 크기로 TOP5를 자랑하던 그였기에, 실로 무모한 시도였다. 반면에 나는 "넌 그냥 스미골이다."라는 소리를 가끔 들을 정도로 매우 마른 체형이었다. 그래서 자신 있게 도전을 했고, 안으로 몸을 구겨 넣은 뒤에 문까지 닫는데 성공했다. 바깥에서 이를 지켜보고 있던 친구들이 절로 탄성을 냈다.

"도저히 상상하지 못할 장소다."라느니. "희대의 걸작이다"라느니. 한 가지 흠이 있다면, 대걸레의 긴 자루부분이 위로 솟아 있어야하므로 천장방향으로 네모난 구멍이 나 있다는 것이다.

하지만, 그 문제는 구멍보다 넓은 철제 쓰레받기로 자연스럽게 윗구멍을 덮음으로써 해결되었다. 성공을 확신하며, 그 생각에 부풀어 올라 모두가 신명이 났다. 자습실 한 편에 붙어있는 시계의 바늘이 12시에 가까워짐을 알린다. 전쟁(?)의 시간이 다가오고 있음을 의미했다. 최대한 심혈을 기울여서 꼼꼼히 준비를 시작했다. 지금까지 수차례 실패한 경험을 바탕으로 해서 말이다.

신발장에는 어떠한 종류의 신발도 남기지 않은 것은 물론이고, 더욱 자연스러움을 연출하기 위해 책상위에는 가지런히 책들을 정렬해두고, 가방, 겉옷, 베개 그리고 담요들은 모두 사물함에 넣었으며, 의자를 제 책상에 흐트러짐 없이 넣어두었다.

마지막으로 다른 친구들을 모두 창문 바깥의 보이지 않는 곳으로 피신시킨 후, 안쪽에서 창문 잠금을 채웠다. 혹시 누가 밖에 나가있다는 일체의 의심을 피하기 위해서이다.

그런 다음에 나는 불까지 끄고, 비장한 마음가짐으로 '그곳'에 들어갔다. 사실 그곳에 있는 시간은 견디기 힘든 인고의 시간이었다.

시간이 지나고 지날수록 몸 구석구석에 쥐가 났고, 특히 다리가 경직되어 혼자 끙끙거리며 억누를 수밖에 없었다. 꽤나 시간이 흐른 후에야, '그분'께서 다가오시는 소리가 들리기 시작했다. 하지만 그 때는 이미 거의 미쳐버릴 정도로 고통이 나를 괴롭히고 있을 때였다. 속으로 별의 별 생각이 다 들었다.

"학교 후문에 4m 담 넘기는 이거에 비하면 아무것도 아니다.", "경비아저씨가 제발 빨리 순찰을 돌고 나가셨으면.", "으, 이러다가 뼈가 으스러질 것 같았다." 자습실 문이 열릴 때 그리고 청소도구함이 놓인 현관문 근처에서 머뭇거릴 때, 몇 번의 소름끼침을 느꼈다. 그래도 속으로 계속 이 말만 돌이키며 고통을 억눌렀다.

“내가 여기서 조금만 더 참고 희생하면, 친구들이랑 새벽자습을 할 수 있어! 조금만 더!”그렇게 몇 분의 시간이 더 흐르고, 발자국소리를 통해 경비아저씨가 복도를 완전히 벗어난 것을 확신한 후에야 밖으로 빠져나왔다.

일어나려 했으나, 힘 한번 제대로 못쓰고 그 자리에서 “풀썩.” 하고 주저앉았다. 더러운 현관바닥에 그냥 드러누워서 몸이 풀려날 때만을 기다렸다.

잠시 후, 일어나서 자습실의 불을 활짝 켰다. 승리의 신호이자, 오늘 새벽자습은 성공적으로 이루어질 수 있음을 의미했다.

집중력으로 승부하기

학습효과 = 집중력 × 학습능률 × 학습시간

우리는 학습효과에 영향을 주는 몇 가지 변수를 알고 있다.

그 중에 한 가지는 집중력이다.

내가 생각한 집중력의 정의는 다음과 같다.

집중력이란, 모든 신경이 학습에 쏠린 시간에 대해 다른 잡생각을 하는 시간의 비율을 말한다. 집중력이 좋다는 것은 다음의 두 가지를 의미한다.

'다른 일을 하다가도, 갑자기 해야만 하는 일로 돌아왔을 때 미련과 잡념을 깨끗이 비우고 수월하게 몰입할 수 있는 것.'

혹은 반대로, '일을 하는 도중에, 잡념으로 인해 원래 일을 중단하는 일이 없을 만큼 빠져드는 것.' 내가 공부를 할 때 집중력을 끌어올리는 방법은 '목표치를 정하고, 잊지 않도록 자꾸만 되새기는 것'이다. 잠시 머리도 식힐 겸, 가벼운 사례 하나를 보면서 이야기 하겠다.

고등학교 3학년 평상시처럼 저녁식사를 하고 야자실로 들어갔다. 친한 친구 송준영이 빨리 모이라며 갑자기 느닷없이 MP3로 'beast–숨'을 재생시킨다.

'Everyday I just can control~' 전주가 흐른다. 옆에 있던 또 다른 친구 인성욱도 함께 달려가서 신나게 안무를 추기 시작한다. 우리는 기억력이 좋지 않아서, 아무리 음악프로그램과 뮤직비디오를 봐도 외우지 못한다. 한마디로, 거의 막춤을 추는 것이다.

노래가 끝이 나고, 흥이 무르익었는지 'U–kiss–만만하니'를 이어서 틀었다.'내가 그렇게 만만하니~ Hey!'이 부분에서 처음엔 어깨를 건들건들 거리다가, 마지막에 오른손을 뒤로 휙 재끼기만 한다. 노래 제목답게 안무가 참 만만하다고 하며 또 괜한 자신감이 생겨서 기분이 한층 더 들떴다. 그래서 'Big bang–집에 가지마'로 대미를 장식하려 몸을 들썩거리는 순간, '또각… 또각 … 또각…' 하며 자습감독님의 구두 발자국 소리가 들린다.

우리는 아무 일도 없었던 것처럼, 온 힘을 다해 재빨리 자기 자리로 날아갔다. 그러고선, 의자와 엉덩이에 각각 자석의 N극과 S극이 달려있었다는 듯이 밀착하여 앉았다.

은근히 긴장을 하며 공부하고 있었던 척을 하는데, 옆을 지나가시며 '피식'하고 웃음을 지으신다. 저 너머로 노랫소리와 춤사위를 이미 보셨나보다. 민망해진 우리는 그 감정을 그대로 업고, 공부에 몰입하기로 한다.

그래서 나는 자습시간 내내 물리책을 읽었고, 준영이와 성욱이는 책에 얼굴을 파묻었다. 쉬는 시간이 되자, 준영이의 자리에 가보았다.

펼쳐진 그의 책 246, 247쪽 사이에는 침으로 커다란 오스트레일리아 지도가 그려져 있었다. 장인정신이 부족하여 뉴질랜드 섬까지는 나타나지 않은, 아쉬운 지도였다.

공부를 시작하기 전, 먼저 이런 생각을 한다. 자습시간이 1시간 30분인데, 그동안 물리공부에만 할당을 해야겠다. 그러면 적어도 이 단원까지는 끝낼 수 있겠다.

아주 구체적인 계획 설정은 아니지만, 전체적으로 공부해야 할 과목의 시간 투자비율을 구상해서 간단히 메모를 해둔다.

좀 더 자세히 설명하자면, 궁극적인 목표(꿈)로부터 단계별 항목으로 어떤 세부목표가 필요한지 가지치기 식으로 세워서 스스로에게 또렷한 동기부여를 준다.

대학에 가서 핵공학을 전공하고 싶었다. 찾은 정보에 의하면 물리, 화학 1,2를 고등학교 때 공부를 해두면 좋다고 했는데 특히 물리가 중요하지.

그러면 화학2는 개념 및 간단한 문제까지만 하고, 물리는 2까지 수능을 칠거니까 기출문제도 풀어봐야지.

따라서 물리에 좀 더 시간분배를 크게 해두어야겠다.

학습능률은 최대한 공부를 짜임새 있게, 밀도 있게 하는 것을 말한다.

진짜 365일 똑같아요

주변에 많은 사람들이 나에 대해 평을 할 때 가장 많이 오르내리는 단어가 '꾸준함'이다.

하루도 거르지 않고 하는 것. 공부를 할 때 가장 필요하면서도 갖추기 어려운 자세가 아닐까 싶다. 처음부터 이러한 힘이 있었던 것은 아니고, 여러 시행착오를 통해 얻은 값진 교훈이다.

무언가를 미루지 않는 습관을 들이는 것. 그것이 꾸준함의 핵심이다.

한참 게임에 빠져 있었을 중학교 때 공부를 좀 해보려고 해도 "일단 레벨 업만 하고", "잠깐 이 판만 끝내고"

이런 식으로 뒤로 미루는 생활을 마치 세끼 밥을 꼬박꼬박 챙겨먹듯이 했다.

우리는 미루는 걸 한번쯤은 아니 그 이상으로 해보아서 잘 알고 있다. 미루면 미룰수록 끝도 없다는 것을. 그리고 끝까지 그 습관이 자신의 발목을 잡는다는 것을 말이다.

대부분의 교과목 체계는 흐름이 이어지도록 설계되어있다. 그래서 중간에 놓치면 나중에 하려고 마음을 잡아도 그것이 쉽지 않다.

처음부터 따라와야만 다음부분들을 차례로 이해할 수 있기 때문이다. 그래서 주어진 기간에 공부해야할 부담은 더욱 늘어난다. 배움의 고통이 가중된다고 표현할 만하다.

이 현상을 마라톤에 빗대어 보면, 이런 유명한 말을 떠올리지 않을 수 없다.

'오늘 걷지 않으면, 내일은 뛰어야 한다.'

상식적으로 생각해보았을 때, 하루 쉬고 다음날 2배로 빨리 뛰어야 하는 것이 이틀 동안 걷는 것보다 더 힘들지 않을까?

학습에서 꾸준함이 얼마나 큰 차이를 불러일으키는지 학생 A군과 B군의 예를 통해 살펴보겠다.

학생 A군은 오늘 고등수학1의 1단원 내용을 배웠다. 그런데 그는 이것을 예습하지 않았고, 물론 복습도 귀찮아서 하지 않았다.

'아, 시험기간에 다 몰아쳐. 그 때 집중해서 하면 되지 뭐.' 이런 식으로 혼자 중얼거리며 넘어간 것이다. 그랬더니 A군은 시간이 갈수록 크나큰 시련을 겪는다.

다음 수업을 점점 알아듣기 힘들게 된 것이다. 그래서 2단원을 제대로 이해 못한 채 넘겨버렸다. 이번에도 역시 시험기간 때나 열심히 하기로 계획한다.

그렇게 미루기와 미루기를 반복하던 중에 금세 시험기간이 닥쳐온다. 결심했던 대로 처음부터 공부하려고 책을 펼쳐보았는데, 아니 이럴 수가. 눈앞이 컴컴하다.

'아! 이 단어는 어디서 들어봤던 것 같은데 뭐였더라.' 도대체 뭔지 감 잡을 수 없을 정도로, 첫 단원부터 시작해 끝 단원까지 제대로 아는 것이 거의 하나도 없었다.

검은 것은 잉크요 하얀 것은 종이로다. 그냥 무언가가 둥둥 떠다니며 아른거릴 뿐. 눈에 뵈는 게 별로 없었다.

그리하여 막상 또 처음부터 공부하려니까 그 양이 또 굉장히 많아 보인다.

숨이 턱 막힌다. 사실 시간이 그리 부족하지 않았는데, 머리가 그리 나쁜 것도 아닌데. 이렇게 A군은 심리적으로 좌절감을 느끼고, 시험 준비에 난항을 겪는다.

이번엔 반대로, 같은 교실에서 같은 수업을 듣는 B군의 이야기를 해보겠다.

B군은 수업하기 전에 적어도 책을 한번 쭉 훑어보고 온다. 그럴 여유가 없으면 수업 바로 전에 쉬는 시간이라도 열심히 책을 뒤져본다.

왜냐하면 선생님도 말을 하면서 강의를 진행하는지라, 책처럼 아주 깔끔하게 정리된 내용을 전달하기가 참 힘들기 때문이다.

수업 내용을 사전에 간단하게라도 알아두면, 선생님이 횡설수설한 언변을 늘어놓더라도 대처를 할 수 있다. 다시 말해서, 수업도중에 예습내용이 스르르 오버랩이 되며, 머릿속으로 차분히 정리를 할 수 있다.

'음, 지금 말씀하시는 부분은 책의 내용의 맥락에서는 이런 뜻이지, OK!'

이렇게 B군은 수업내용을 잘 이해하고 마쳤다.

그 다음 수업이 끝나고 자습을 하는 B군. 그는 복습이 너무 늦으면 효과가 떨어진다는 사실을 여러 시행착오를 통해 절실히 깨닫고 있다.

그래서 당일 배운 것과 지난번 학습내용에서 긴가민가한 부분을 되짚어 보는 습관을 갖고 있다. 이렇게 미루지 않고, 꾸준히 하루하루의 노력을 실천한 B군에게 시험기간이 다가왔다. 시험범위의 내용을 거의 꿰차고 있을 뿐만 아니라, 이미 여러 번 고민을 한 끝에 중요한 내용이 어딘지도 잘 파악한 B군은 의기충천하다.

이 예를 통해서, 꾸준함이 학교생활이나 학습측면에서 얼마나 중요한 것인지 새삼 깨달을 수 있으리라 기대해본다.

사실 먼저 소개한 A군은 중학교 때 내 모습이다. 공부를 제대로 하기로 결심하고 나서, 일단 꾸준히 공부할 수 있는 학생이 되고 싶었다.

그런데 공부를 한동안 놓았다가 오랜만에 하려 하니 굉장히 막막했다. 꾸준히 하려고 하기엔 이미 내 학년수준보다 뒤쳐져 있었기 때문이다. 그래서 한참 그 시기동안 가중된 고통을 겪었고, 그래서인지 공부가 더욱 힘들다고 느껴지기도 했다.

그렇다고 포기할 수도 없었다. 스스로 자초한 일이니까. 해결책을 곰곰이 생각해본 끝에 비교적 간단한 방법을 알아냈다. 그것은 바로 부족한 부분을 초심의 마음으로 되짚어보는 것이다. 꾸준히 공부를 잘 해오던 친구들을 무작정 따라가다 가는 모래

사장에 집을 짓는 꼴이 될 것 같았다.

그 애들과 나는 기초자체가 다르니까. 그래서 중학교를 졸업할 무렵, 부족한 중학교 개념들을 다시 보았다. 특히 영어가 취약해서 중학교 필수영어단어장을 달달 외우고, 기초영문법과 그 수준에 맞는 독해공부를 시작했다. 처음에는 정말 힘들었다.

때로는 나보다 어린 애들이 공부하는 내용을 보고 있다는 것을 생각하면, 스스로에게 수치심을 느끼기도 했다. 하지만, 이건 모두가 내 스스로 만들어낸 일이니까. 힘들어도 참아내야지. 남들이 하루하루를 걷는 동안, 편하게 앉아서 또는 누워서 쉬었으니까. 억울한 감정이 생기는 것을 최대한 떨쳐내려고 이렇게 마음을 다잡았다.

부족했던 기본을 한 번 다지고, 또 한 번 더 다졌다. 비로소 그런 후에야, 그 통쾌함에 팔을 쭉 펴고 만세를 불렀다.

기초를 다지게 되고 난 후, 좀 더 욕심을 부려서 '매일 최선을 다해 뛰는 것'으로 목표를 크게 키웠다.

도대체 나의 한계는 어디까지 될까? 이런 질문을 던지며, 스스로를 정말 혹독한 시험에 들게 할 작정이었다. '오늘은 적당히 했으니 여기까지.', '대충 이 정도면 충분하겠지.' 이런 식의 나태한 생각에 안주하여, 충분히 더 끌어올릴 수 있는 잠재능력이

빛을 발하지 못할까봐 조바심이 났기 때문이다.

학업에 대한 열정이 천장까지 닿을 만큼 달아올라 절정에 이르렀던 그 시절. 1년에 몇 번 안 되는 긴 방학과 연휴란, 나에겐 없었다.

명절이 가까워지면 친인척과 오랜만에 만난다는 설렘과 기대가 부풀어 올랐지만, 절정에 이른 열의를 꺾기엔 역부족이었다. 또한, 가족행사로 여행을 간다는 것도 절대사양을 했다. 나로 인해서 자연스럽게 우리 가족의 명절과 휴가란, 집에서의 소소한 휴식으로 전락(?)했다. 나만 빼놓고 가면 외로워할까 걱정하여 그랬던 것 같다.

되돌아 생각해보니 그 때 내 열정이 식지 않은 이면에는 가족들의 이러한 희생이 숨어있었던 것 같다.

정복할 것인가, 정복당할 것인가?

바리깡을 들고 서있는 살벌한 친구의 모습이 등 뒤로 싸늘하게 느껴진다. 얇은 천이 아니라, 곳곳에서 주워온 신문으로 어깨와 목 주변을 감싸고 내가 의자에 앉아 있다.

머리를 자른다는데 주변에 구경 온 사람이 너무 많다. '머리 자르는 것을 처음 보나.'생각하며 민망해하고, 투덜댈 수도 있겠지만, 구경 올 만한 충분한 이유가 있다.

장소는 미용실이 아닌, 우리들의 안방자습실 명문관. 아니 그런데, 어디서 많이 본 듯한 장면이 아닌가? 사극에서, 목 부위가 구멍 뚫린 '칼'을 목에 둘러쓰고 참형을 기다리는 바로 그 장면 말이다.

손톱으로 스위치를 위로 "탁!"하고 올리는 소리가 들림과 동시에, 시끄러운 모터소리가 들리기 시작한다. "위이이이이이이이잉." 다시 사극장면으로 돌아가 보면, 사형집행자가 물 한 모금 입에 가득 담은 후 "푸우우우우우우."하며 칼에 뿌리는 그 장면과 비슷한 상황이다. 얼마 지나지 않아 둔탁한 쇳덩이가 두피에 닿는 느낌이 난다.

그리고 곧이어 "슉슉슉슉슉슉슉"하는 소리가 내며 대량의 머리카락이 땅바닥으로 곤두박질친다. 구경꾼들의 "워어어어어어어."소리도 한바탕 화음을 내며.

2010년 6월 평가원 모의고사의 성적표가 나온 날에 있었던 일이다. 사실 이것은 내 의지와 노력을 더욱 고취시키기 위해 예정된 일이었다.

6월 모의고사를 보기 전, 큰 내기 하나를 걸었다. 성적이 일정 수준에 못 미칠 경우에 삭발을 한다는 내용이었다. 당시에 많은 친구들이 알게 되었고, 성적표가 나오기까지 결과를 매우 궁금하게 생각하던 내기였다. 하지만 나의 무참한 삭발식으로 종결지었다.

끝없이 타 오르는 의지와, 그 의지를 헛되이 날리지 않을 만큼의 노력으로 고등학교 생활을 보냈다고 나름대로 자부한다. 하지만 그렇다고 해서 항상 좋은 결과가 따르는 건 아니었다. 바로 위의 상황처럼. 정말 365일 긴장을 놓지 않고 공부를 했지만, 어떤 부분에서 2%가 부족해서인지 만족스럽지 못한 성적을 얻는 시기가 바로 그 때였다.

수능을 출제하는 기관인 한국교육과정평가원에서는 11월 수능 전, 6월과 9월에 각각 전국 모의고사를 시행한다. 특히 6월 모의고사는 평가원에서 출제하는 가장 첫 시험이므로, 마치 실전처럼 중요하다고 생각했다.

그래서 그때 시험을 잘 보겠다는 포부를 '삭발내기'를 통해 널리 알렸던 것이다.

그러면 그 시험이 있기 전까지 삭발당하지 않기 위해 최대한 열심히 노력하려 했을 테니까. 또 다른 측면에서는, 내기에서 진다면 나의 부족함을 겸허히 받아들이고 새로운 마음으로 더 노력하겠다는 의미부여를 할 수 있다고 생각했다.

머리카락이 새로 자라나듯이, 초심의 마음으로 돌아가는 것이다.

고등학교 2학년부터 약 1년 반을 통틀어 가장 안 좋은 성적을 얻었다. 전혀 예상치 못한 충격적인 결과였다. 게다가 수능에

직결되는 아주 중요한 시험이라 생각했기에 자괴감과 상실감이 더 컸다. 그러나 과연 정복당할 것인가? 아니면 정복을 할 것인가?

시련에 굴복해서 이런 저런 방황과 좌절의 나날을 보낼 것인가? 아니면 그 위기를 밟고 더 높은 곳으로 올라설 것인가?

그 선택권은 바로 자기 자신에게 달려있다.

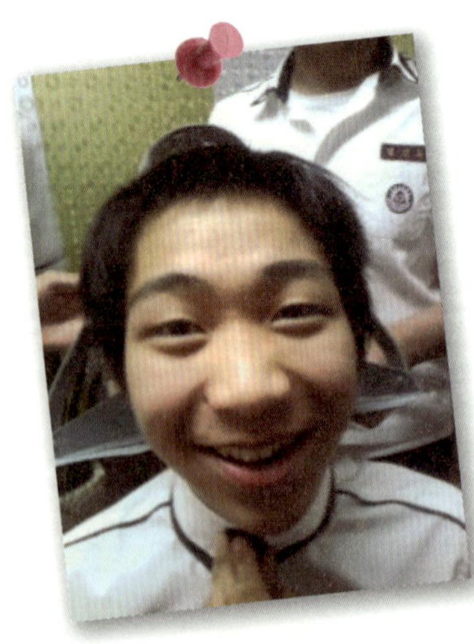

삭발 당하기 직전 모습

공짜 마사지 받는 학생

작년 6월, 어느 날 아침. 보통 때처럼 한참을 꿈나라에서 헤매고 있는데 어머니가 깨우시는 것이었다.

"너 엉덩이가 어떻게 된 거니?"하고 놀란 표정으로 계속해서 묻고 계셨다.

잠이 덜 깬 상태에서 깜짝 놀라 얼른 이불을 감싸 앉으면서, "아무것도 아니야."라고 대답했다.

"뭐가 아무것도 아니야, 엉덩이가 새파랗게 피멍이 들고 속옷에 피가 눌러 붙었는데."

그 소리에 아버지까지 오셔서 이불을 들추며 피멍이든 상태를 보고는, "누구에게 맞은 거야. 왜 맞았냐."하고 다그치셨다.

창피함을 무릅쓰고 솔직하게 이야기 할 수밖에 없었다.

"담임선생님에게 맞았는데 지각해서 맞은 것이라고."

"하지만 선생님이 내가 미워서 때린 것이 아니고, 엉덩이 마사지 해 주는 것이라고 생각한다."고 말씀드렸다.

순간 부모님께서는 잔뜩 심각한 표정에서 하하하 웃으시며, "오늘도 지각인데 그럼 어떻게 하면 좋니?"하고 놀리시는 것이다.

"뭐, 또 엉덩이 마사지 받으면 되지"하고선 후다닥 옷을 챙겨 입고 학교로 달려갈 준비를 마쳤다. 그러는 내 모습을 보시고선,

"너 그 큰오리 궁뎅이를 마사지 해주시는 선생님께 고생 좀 그만 시켜드리고, 내일부턴 좀 일찍 일어나"라고 말씀하셨다.

그랬다. 고등학교 시절에는 담임선생님의 속을 꽤나 썩이던 지각대장이었다.

학교 수업은 8시에 시작하며, 교문 등교시간은 7시 40분까지이다.

그럼에도 불구하고 나는 한결같이 7시 30분쯤에 일어나는 습관이 있었다. 하지만 적어도 수업은 늦으면 안 된다는 생각에,

씻기와 밥 먹기를 거의 생략하곤 했다.

일어나자마자 무의식적으로 책가방을 들고, 걸으면 15분 거리의 학교를 4분 안에 주파하여 뛰어가는 것이 일상적인 일이다. 그렇게 아침일과를 광란의 질주와 함께 시작했다.

심장이 터질 정도로 뛰었다. 사실 이것뿐만이 아니다. 만약 교문 등교 제한시간에 통과하지 못한 경우에는 또 다른 곤욕들이 기다리고 있었다.

오리걸음으로 정문에서 학교건물까지 걷거나 청소년체조, 뜀뛰기를 하는 등 별의별(?) 운동을 하는 것으로 학교에서 일과가 시작된다.

그렇게 진이 빠질 대로 빠진 상태로 교실로 '터벅터벅' 걸어가면, 어김없이 담임선생님의 불호령이 떨어진다. 정말 설상가상이다.

기상시간부터 등교시간까지 불과 십 여분동안 참으로 별의 별 체험을 다 한다.

"김동환!! 너 이 자식이 또. 복도로 나가서 엎드려 뻗쳐있어!!"

어차피 이 말씀을 듣기 전에 이미 복도 그 자리에서 자동으로 자세를 취하고 있는 것이 익숙했다. 8시 수업 직전 아침조회를 딱 마치고 교실 문밖으로 나오셔서 날 가만히 바라보시는 담임선생의 얼굴표정이 많이 화나 보이신다.

어쩌면 안타깝고 불쌍하게 보고 계신 것 같기도 하고. 선생님은 날 이해하기 힘드시겠지? 하긴, 나도 나를 잘 모르는데 말이야. 흐 흐 흐. 긴장감이 감돌던 그 순간에도 늘 이런 생각들을 흘리곤 한다.

그러던 중에, "동환아 언제까지 이럴 거니." "너라고 봐주는 거 없다.", "에이, 그냥 몇 대 맞고 정신 차려라." 이미 혼비백산하여 정신을 안드로메다로 떠나보낸 후, 몇 마디 말소리가 들리는 동시에 딱딱하고 날렵한 몽둥이는 살 속으로 깊이 파고든다.

아, 훈계의 말씀과 몽둥이가 동시에 나오는 그 조화로움.

"팍! 팍! 팍! 팍! 팍!"

세상의 모든 감정을 집중해놓은 듯 오묘한 표정이 감도는 얼굴로, 까무잡잡한 바닥먼지가 흥건한 두 손으로 엉덩이를 비비며, 교실자리로 천천히 걸어간다.

사실 이 표정은 내성이 조금 생겨서 예전보다 덜 아프다는 기쁨과, 선생님을 걱정시키는 것에 대한 송구스러움과, 이 모습을 지켜보고 있는 반 친구들에 대한 부끄러움의 감정들이 혼합된 것이다. 과거의 이런 모습을 글로써 고백하니 후련하면서도 민망함이 어깨 위를 지그시 누르는 듯하다.

나 같은 경우에는 주로 새벽에 정신이 더 몰입 되어서, 낮에는 하기 힘든 이성적 판단을 그때 하는 경우가 많다. 그래서 평상시에는 거의 새벽 2~3시에 잠을 잔다.
게다가 보통 사람들에 비해 잠을 많이 자야 피로가 풀리는 체질이라, 1분 1초의 수면시간이 나에겐 무척 소중하다.
누군가 나에게 5분 동안 씻고 밥 먹을래? 5분 더 잘래? 라고 물어보면 여지없이 후자를 선택할 만큼 잠을 좋아한다.
그래서 최대한 늦게 일어나는 마지노선을 7시 30분으로 한 것이다. 보통 친구들한테 물으면 6시 30분에 일어난다고 한다. 이렇게 일반적으로 등교를 준비한다는 그 1시간을 소중한 잠에 투자했다. 최대한 집에서 숙면을 하면 이점이 있다.
그로인해 아침에 초인적인 속도로 달려갔고, 간혹 교문 앞에서 하는 운동은 아침운동을 대신해준다고 긍정적으로 생각했다.
아침에 적당한 운동을 하고 끼니를 거르지 않는 것이, 당 일날 두뇌의 활성화와 집중력을 돕는다는 여러 연구결과를 본적이 있다.
학교까지 뜀박질을 하고 교문에서는 운동을 한 것이, 본의 아니게 좋은 효과를 준 것이다. 단, '밥'을 제대로 못 먹는 것은 아쉽지만 말이다.

그래서 되도록이면 교복을 입으면서 한 순갈이라도 더 꾸역꾸역 입에 넣으려고 하며, 평소엔 되지도 않는 멀티플레이를 감행했다.

이런 생활을 하다 보니 '아침에 나긋나긋하고 짜증이 난다.'라는 느낌이 들지 않았다.

잠을 푹 자서 몸과 머리가 늘 개운했다. 그리고 어쩌다 거사(?)를 치른 경우에도, 교실에 앉아서 조용히 숨을 고르면, 마치 산에서 운동을 하고 시원한 공기를 마시며 쉬듯 쾌청한 느낌까지 들었다.

게다가 내게는 교실 앞 복도에서 엎드려서 매를 맞는 것도 하나의 운동이자 마사지이다.

엉덩이를 맞으면 보통은 기분이 나쁠 수도 있겠지만, 전날 하루 종일 의자와 합체하여 고생한 내 엉덩이를 선생님이 유연하게 풀어주시는 것이라고 돌려서 생각하니 차라리 기분이 좋았다. 지각해 놓고 공짜로 마사지 받는 기쁨이라 표현해야 적당할까.

매일 아침 그런 상쾌한 기분을 품고 새로운 시작을 하듯이 공부를 하는 것이 그때는 너무 좋았다. 점심을 먹고 식곤증이 밀려오기 전까지 그 행복의 순간은 지속되었다.

내 나름대로 그렇게 플러스가 되는 습관을 만들고 유지해온 것이다.

지각생은 있어도, 지각 인생은 없다

졸지에 애물단지?!

아주 어렸을 적에 부모님께서 잠자리에 드실 때면, 그 날에 있었던 내 이야기를 하느라고 밤을 꼬박 새곤 했다는 말을 자주 들었다.

그 이유가 뭐였냐고 물으면, 그리 특별한 것도 아니었다.

누나들보다도 걸음을 빨리 걸었고, 말도 빨리 배워서 3살 때는 못 부르는 동요가 없었을 정도였다고 한다. 그리고 지하철을 같이 탈 때면 항상 노선도를 뚫어지게 쳐다보고선, 나중에 역을 순서대로 암송하곤 했다고 한다. 그 당시 군자역근처에 살아서 5호선노선을 아주 잘 외웠다고. 이렇게 부모님께서 칭찬세례를 하시며 좋아하셨던 이유는, 두 딸을 낳고 생긴 아들이어서 그런 것이 아닌가 짐작해본다.

그런데 보물단지 같은 대접을 받던 존재에서 언제부턴가 스스로 애물단지로 전락하고 있다는 느낌을 받은 시기가 찾아온다.

동네 형들이 '컴퓨터 게임'을 하는 것을 본 것이 바로 그 계기였다.

10년이 넘도록 여전히 대작이라 칭송받으며 사랑을 받고 있는 스타크래프트. 당시 바깥에서 친구들과 몸을 부대끼며 뛰어노는 것만 알았던 나에게는 새로운 세계였다.

직접 수많은 군사들을 만들어 지휘하고, 적군을 무찔러 기지를 점령하는. 어쩌면 인간이 가지고 있는 파괴와 정복욕의 본능을 가상적으로나마 만족시켜주는 정말 주옥같은 게임이 아니었나 생각해본다. 그래서인지 무차별적으로 그것에 빠져들었다.

현실에서 이루어질 수 없는 이 대리만족의 참맛을 느껴보고 나니 더욱 신선한 소재를 찾아 나서기 시작했다. 도스체제에서만 가동되는 고전적인 게임에서부터, 눈에 들어오는 게임이면 거의 무엇이든 다 해보았다.

심지어 여자들만 한다는 '프린세스메이커'같은 게임도 누나들이 하는걸 보고 재밌게 따라하곤 했다. 여러 해가 지나갈수록 그 사랑과 열정은 식지 않고 폭풍처럼 성장했다.

용돈은 점점 더 늘어나고 PC방에서 더 오래지낼 수 있었다. 어느 순간부터는 집에서도 돈의 부담없이 할 수 있게 되었다. 모뎀체제에서 현재의 인터넷정액제로 전환되면서, 무한정 인터넷을 써도 같은 요금을 내게 된 덕택이다. 그렇게 컴퓨터에 노출되는 시간은 점점 더 많아지고, 나를 서서히 중독으로 빠뜨렸다.

급기야 어느 시점부터는, 언제라도 컴퓨터를 더 하겠다며 별의 별 떼를 쓰기까지 시작했다. 처음 게임을 시작할 때는 부모님 눈치를 한번씩 보곤 했지만, 갈수록 시간이 흐르면서 눈에 뵈는 게 없었다. 혹시 잔소리를 하려 하면 먼저 꼬박꼬박 대들면서 버릇없이 굴었다.

실컷 많이 하고 싶은데 조금이라도 하는 것에 방해받는 것을 원천봉쇄하고 싶은 심정뿐이었다. 그렇게 성격이 저항적이면서도 다급해져만 갔다.

또, 이것은 부모님과 문제가 아니었다. 그 당시 집에는 컴퓨터가 한 대밖에 없어서 누나 둘과 함께 써야 했다는 문제도 있었다.

이전보다 컴퓨터 앞에 앉아 있는 시간이 더 많아지다 보니 자연적으로 다툼이 생길 수밖에 없었다. 누나들과의 갈등은 부모님들까지 개입이 되어 가족들의 분쟁으로 번지기까지 했다. 지금 생각해보면 그깟 컴퓨터가 뭐라고 가정의 화목을 해쳤는지, 그만큼 중독성이 강했나보다. 성장하면서 아주 어렸을 때에 비하여 가족들은 바빠졌고, 대화를 나누는 일은 저녁 식사 시간에 대부분 한정되었는데, 게임 때문에 그 시간마저도 버렸다.

식사시간은 곧 컴퓨터 하는 시간이었다. 그때만큼은 자유롭게 혼자만의 시간을 누릴 수 있었으니까. 정말 급박해져만 갔고 짧은 순간순간이라도 더 하고 싶었다.

심지어 하교 후, 가방을 멘 채 그대로 컴퓨터에 딱 붙어 앉아 미친 듯이 했다. 그러다가 언젠가 이런 일이 생겼다.

저녁시간에 밥을 먹으라는 가족들의 계속된 독촉에도 아무런 대꾸가 없자, 화가 나신 어머니가 방문을 열고 들어오셔서는 등짝을 사정없이 내리치셨다.

"밥 먹으라니까!"

내 딴엔 엄마가 지금 이타임이 얼마나 중요한지 이해하지 못한다고 생각했다.

그래서 화가 난 나머지 소리를 질렀다.

"아, 나가."

"지금이 중요하단 말이야!! 내가 밥을 먹든 말든 신경 좀 꺼."

어머니는 이런 내 모습이 속상하고 걱정이 되어서 그랬던 것일 텐데. 의견충돌은 더 큰 마찰을 불러왔다.

그 말을 듣고 화가 폭발한 엄마는 더 세게 등을 치시며 말씀하셨다.

"아들이 되어서 그게 지금 엄마한테 할 소리니??"

"빨리 나가! 방해 좀 하지 말라니까."

"아씨, 지금 엄마랑 얘기하다 캐릭터 죽었잖아!!"

결국 한바탕 싸움 나는 소리에 아버지까지 오시게 되었다.

아버지는 입술을 꾹 깨물고 눈을 부릅뜨고 화를 참으시더니 말없이 코드를 뽑으셨다.

내 머릿속과 마음도 까매진 모니터처럼 새까맣게 타들어갔다.

열심히 하고 있는 것이 방해받았다는 순간적인 생각에 얼굴은 빨개졌고, 온몸이 으스스 떨리며 분노의 감정마저 느꼈다.

전쟁의 연속이었다. 그런 일이 있었는데도 여전히 게임에만 몰두했다.

집에서 못하게 되면 밖으로 나가서 친구 집이나 PC방에 갔다. 그러다 초등학교 6학년 때 이런 일도 있었다. 마침 명절날이었고, 알다시피 명절은 많은 친척들과 모여 대화를 나누며, 즐겁게 어울리는 그런 좋은 날이었다.

그러나 사람들과의 만남보다 시간이 지날수록 점점 더 게임만을 강렬하게 원했다. 외가에선 컴퓨터를 마음대로 할 수 없는 것이 참 불만스러웠다.

자꾸 pc방을 가겠다고 발악을 했고, 그러다가 아예 집에 먼저 가겠다고 보채기까지 했다. 어린 나를 혼자 보낼 수가 없어서 아버지가 어쩔 수 없이 따라 나섰고, 예정보다 이틀 일찍 집에 돌아왔다.

도착하자마자 아버지는 이렇게 말씀하셨다. "그럼 네가 원하는 만큼 실컷 한번 해봐." 기분이 너무 좋았다. 이게 꿈인지 생시인지. 하늘이 준 기회라고 생각했다.

당시에 컴퓨터만큼은 누구보다도 자신 있게 쉬지 않고 할 수 있는 열정이 있었고, 게다가 누나들도 없으니까. 그런 생각으로 보란 듯이 밤을 꼬박새우며 게임을 했다.

시간이 워낙 많아 이것저것 다 해보고, 특히 좋아하는 게임에서는 폭발적인 레벨 업을 했다. 너무 기뻤다. 정말 지칠 줄 모르고 모니터 앞에 붙들려있는 내가 신기하셨던지, 아버지께서 조용히 뒤에 서서 지켜보셨다.

그러다가 컴퓨터를 하며 잠시 뒤를 돌아보곤 히죽 웃는 내 모습을, 아버지께서 보셨다. 그것은 게임에 대한 나의 간절한 사랑과 열정을 발견하신 것이다.

그 때부터 부모님이 그렇게 게임하는 것에 대해 적극적으로 터치를 하지 않게 되었다. 아버지의 말씀을 들어보면, 게임이 좋아서 밥도 안 먹고 잠도 안자며 하는 것에 정말 두 손, 두 발 다 들었다고 하신다.

이틀 후에 도착하신 어머니에게 이렇게 이야기하셨다고 한다.

"아니, 애가 그렇게 좋아하더라고."

"이건 하지 말라고 해서 해결 될 일이 아니고, 아이가 성장하는 하나의 과정일 테니까. 우리가 동환이를 이해하고 존중해주자."

"사람이니까 장점도 있고, 단점도 있는 법이지. 아이의 욕구를 무조건 막는다고 능사가 아닌 것 같다. 부모인 우리가 자식을 믿고 인내심을 갖고 잘 대해주자."

그 이후 더는 뭐라 하지 않으시는 부모님. 무작정 제한하려고 하지 않고, 마음으로 이해하려고 하시는 모습. 권위주의가 아닌 하나의 인격체로서 존중해주시는 모습.

만약 부모님께서 무작정 억압하고 결판을 지으려 급한 행동을 하셨다면, 지금의 김동환이 존재하기나 할까.

점점 성장하면서 어떤 일을 하고, 하지 않고는 스스로 깨닫고

선택해야 할 문제임을 직감하기 시작했다.

이는 훗날 자율적인 생활태도를 기르고, 스스로 공부 방법을 계발할 수 있었던 씨앗이 아니었나 생각한다. 그런 부모님의 태도는 잠재적으로 큰 밑거름이 되어주었다.

그러나 당시에는 여전히 게임에 쏟아내는 애정의 불씨는 꺼지지 않았다.

방학 때는 하루 15시간이상 하기가 부지기수였고, 특히 누나들의 방해가 없는 할머니 댁에서는 마음껏 하였다. 애정을 넘어서서 이제 집착수준에 다다른 나를 말린다고 해결될 것이 아니라는 생각을 하신 부모님께서는, 잔소리 대신 가끔 아쉬운 말투로 이런 말씀을 하셨다.

"우리 동환이도 서울대에 갈 수 있으면 좋을 텐데."

그러면 그건 좀 아니라는 듯이 애써 부정하려 했다.

"아, 그건 공부 잘하는 애들 얘기고."

그냥 부모님이 하시는 말씀일 뿐이고, 서울대는 나랑 아무 인연도, 상관도 없는 대상이라고. 그때는 그렇게 생각했다.

영원한 것은 없다, 하나의 과정일뿐

공부가 싫거나 놀고 싶어서 게임을 시작한 것이 아니었다.

그것은 축구나 야구처럼 또 하나의 놀이이자 '정복 대상'이었다.

남들이 다 알고 즐기는 것을 나만 모른다는 것이 싫었다.

또 게임을 하나하나씩 마스터하고 요령을 파악하다 보면, 어느새 고수가 되어간다는 사실이 색다른 쾌감으로 다가왔다. 하지만 어느 순간부터는 게임이 더 이상 '정복의 대상'이 아니었다.

단지 모르는 것을 알아간다는 재미와 이기는 것을 좋아하고, 내 자신의 승부욕이 너무 강해서 게임을 한다고 생각했다. 그래서 그것을 정복하기만 하면 언제든지 끊을 수 있으리라 생각했다.

헌데 그것은 큰 착각이었다. 게임이라는 것이 '정복하는 것'에서 '중독되는 것'으로 점점 변해만 갔다. 동네 형들이 그랬고, 또한 친구들이 그랬듯이 자기 자신도 모르게 이미 많은 시간을 정신없이 빠져있었고, 습관적으로 마우스를 돌리고 있는 나 자신을 발견하곤 했다.

게임을 시작하기 전까지만 해도 "야, 우리 축구하자!"라는 말을 달고 살았다.

그 당시 학교에선 늘 2번일 정도로 키가 작았지만, 스피드에서 만큼은 나를 따라 올 사람이 없었다. 눈에 띄는 친구가 있다 싶으면 무조건 같이 놀자며, 일단 공을 그 쪽으로 차고 보았다.

그게 내 세계의 전부였다. 달리고 차고, 때론 친구들과 파울이니 뭐니 하며 싸우기도 하고. 그러던 어느 날 동네 형을 통해 컴퓨터게임을 알고 거기에 빠져버리게 된 것이다.

"야, 우리 길드 전 하러 가자!"

"으아 빨리 그 아이템을 맞춰야 돼, 그것만 맞추면 내 캐릭터는 완벽한데!!"

"너~ 어제 레벨 몇까지 찍었어?"

'이제 친구들과 함께 PC방을 아지트 삼아 집결하게 되었다.

우리 손에는 더 이상 축구공이 들려 있지 않았다.

대신 요란하게 딸깍이는 마우스만이 자리하게 되었다. 시간 늦었다고 집에 가려는 친구가 있으면 정색을 하며 잡았다.

"야! 지금 시간이 얼마나 됐다고 간다는 거야? 엄마가 무서워서 그래?"

이런 말을 하면 대부분의 친구들은 발끈해서 날 이겨보겠다며 컴퓨터를 더 집요하게 붙들고 늘어졌다. 지금 와서 생각해보면 정말이지 '좋지 않은 친구'였다. 집에 늦게 갈 핑계가 필요했다.

그래서 되도록이면 친구들과 밖에서 게임을 많이 하고 들어가려 했다. 결국 그런 식으로 또래 친구들과 함께 PC방에서 살다시피 하며 온갖 게임들을 죄다 섭렵했다. 그리고 어느 순간부터 친구들 사이에서는 '게임 좀 할 줄 아는 친구'로 등극하게 되었다. 이제 게임을 할 때 친구사이에서 나라는 존재가 없으면 안 되었다.

'게임지존'이라고 불리며, 유행에 따라 어떤 새로운 게임이 나오든 만렙 혹은 고렙으로 만들어놓는 것을 보면서 아이들은 놀라워하곤 했다.

사실 게임은 공부보다 훨씬 더 빠르게 그 결과가 나타났다.

정기적으로 시험을 보지 않아도 되고, 시간을 들이는 만큼 경험치가 쌓이는 게 눈에 보였다.

그 게이지가 다 차면 숫자 1이 올라가고 레벨이 바뀌는 쾌감이 있으니까……. 누구에게 시험 받는 것이 아니라, 그것에 만족을 했고 거기에서 헤어 나올 생각을 하지 못했다.

헌데 게임에 푹 빠지면서부터 말하는 법을 잊어가는 것만 같았다. 입은 거의 움직일 일이 없었다.

대신 눈과 손이 그것을 대신하여 바쁘게 움직였다.

집에서는 가족들과 이렇다 할 대화를 거의 하지 못했다.

"동환아, 밥 먹어."

"아, 나중에요."

'나중에'라는 말이 전부였다.

스스로를 철저히 모니터 속에 고립시키고, 아무와도 대화를 하려 들지 않았다.

학교에서는 아이들과 대화라고 해야 게임 얘기만 했다.

친구들이 게임고수다 하며 띄어주면 더 신나서 이것저것 많은 얘기를 하곤 했다.

"우리, 이번에 새로 계급장 달아야지?" 그런데 이상하게도 시간이 지날수록 친구들과 게임을 '함께'한다는 생각이 들질 않았다.

어느새 최고의 고수가 되어 있었다. 하지만 문득 이런 생각이 들었다.

게임 속의 영웅들은 전쟁의 승리자가 되고, 나라를 구하고, 최고의 레벨까지 올라간 후에, 그 다음엔 어떻게 되었지? 아무도 그걸 알려주는 사람이 없었다.

게임 속의 만 렙(게임에서 최고 레벨) 영웅들은 끊임없이 늘어나는데, 그럼 그들은 나중에 뭐하지? 어쩌면…… 그 끝은 너무 허무하지 않을까?

'아…… 허무해. 더 치고 올라갈 것이 없어.'

자신이 점점 무기력해져가고 있다는 것을 느꼈다.

레벨을 올리는 기쁨에 한계가 왔고, 정복해야 할 대상이 하나씩 사라져가면서, 마치 자신이 갑갑한 굴레 안에 갇혀있는 사람처럼 말이다.

하지만 적극적으로 그 굴레를 벗어날 생각보다는, 무기력하게 마우스를 굴리며 같은 행동만을 반복했다. 당시에는 그게 더 편하다고 느낀 것 같다.

게임 기계로 병을 고칠 의지가 없는 사람처럼. 게임을 오래 해본 사람은 알겠지만 '게임 지존'이라 불리고 나면, 왠지 어느 순간부터 즐겁거나 재미있지만 않았다.

나의 이러한 반복된 일상에 대해서 부모님은 "그래도 아들을 믿는다." 하시며 똑같이 별다른 말씀을 안 하셨다.

하지만 그것과는 상관없이 가슴속에는 시간이 지날수록, 스스로에 대한 불만이 점점 쌓여만 갔다.

어릴 적에는 궁금한 것도, 알고 싶은 것도 많았는데, 그때의 나와 지금의 나를 비교해볼 때 너무나 초라해진 내 모습에 연민과 실망감이 점차 더 크게 밀려오고 있었다.

벼랑 끝에서 깨달은 부모님의 믿음

긍정적인 말 한마디는 꿈과 희망을 갖게 하는 커다란 힘을 가지고 있다.

또한 '말이 씨가 되고, 벽에도 귀가 있다.'라는 속담과도 일맥상통한다.

예전 기억을 되살려보면 초등학생, 중학생 시절의 금요일이란 정말 특별한 의미를 가진 날이었다. 5일 동안 학교에 가서 막상 한 것이라곤 얼마 없었지만, 나름대로의 고된 한 주(?)를 마치고 꿀맛 같은 휴식을 맛볼 기대로 설렘이 있는 날이었다.

수업을 끝나면 할머니 댁으로 직행이다. 그곳은 지하철을 타고 30분이 넘게 걸리지만, '그것'을 위해서라면 먼 거리쯤은 아무것도 아니었다.

할머니 댁에는 컴퓨터 한 대가 놓여 있었는데, 중요한 사실은 혼자서 마음 편히 할 수 있다는 것. 집에 있으면 한 대의 컴퓨터를 온 식구가 쓰니 실컷 마음대로 하지는 못했다. '아싸라비아 콜롬비아! 잠자는 시간만 빼면 무려 40시간 정도는 달릴 수 있겠군!' 지금 떠올려보면 기가 막힐 노릇이지만 그 당시에는 그렇게 극단적인 심리였다.

계획한대로 미친 듯이 게임을 하고 월요일아침이 되면 곧장 등교를 했다. 그리고 하교 후 집에 와서도 어김없이 컴퓨터 앞을 한참 지켰다. 늘 이런 식으로 생활을 하던 중에 충격적인 하나의 사건이 생긴다.

그날도 평소 여느 때처럼 집에 돌아오자마자 책가방을 팽개치고 컴퓨터 앞에 앉았다. 이리저리 마우스를 돌려가며 게임을 하다 물을 마시러 냉장고를 향해 가는데, 안방 문을 통해 통화를 하고 계신 아버지의 목소리가 들려왔다.

할머니가 꼬박 3일 밤낮을 게임에만 빠져있던 손자의 모습을 보고 걱정이 되어 전화를 하신 것 같았다.

'그래, 날 한심한 애로 생각할거야. 부모님도 마찬가지겠지.'

이런 생각이 들었다. 부모님은 거의 공부하라는 말씀도 안 하시고, 게임하는 것도 적극적으로 말리지 않았다.

하지만 그것은 정말 나를 믿어서라기보다, 도리어 반항심만 더 가질까봐. 그러시는 거라고 말이다. 할머니 댁에 보내 줄때는 제발 밥도 잘 먹고, 게임은 좀 쉬어가면서하고 할머니 걱정 끼쳐 드리지 말라고 신신당부를 했었다,

내가 생각해도 이번에는 조금 지나쳤지만, 할머니께서 전화로 부모님까지 혼낼 줄이야! 속상해서 고개를 푹 숙이고 안방을 지나치려 했다.

"너무 걱정하지 마세요, 어머니. 저희가 동환이를 더 잘 아니까." 나도 모르게 안방 앞에 서서 전화통화후 부모님이 주고받는 대화에 귀를 기울일 수밖에 없었다.

그때 문 너머로 부모님이 나누는 대화가 들려왔다.

"내비 둬! 저렇게 게임이 좋아서 하는 것을, 반대로 공부가 좋아서 해봐! 얼마나 잘하겠어? 저 집중력이면 잰 고등학교 때 열심히 해도 전국 어느 대학이든 갈 수 있어!"

"그래요. 우리가 동환이를 믿어야지. 부모가 자식을 안 믿어주면, 세상에 누가 우리 자식을 믿어주겠어요!"

아니! 이럴 수가? 이렇게까지 나를 믿다니. 그 순간, 그동안

애써 외면해온 부모님의 말들이 가슴속에 하나하나 맺히기 시작했다.

지금까지도 절대 잊을 수 없는 소중한 순간이었다.

사실은 제대로 믿거나 가슴 깊이 새겨본 적이 없었다. "어서 공부해."라는 말 대신'너를 믿는다.'라는 부모님의 말씀을, 어쩌면 상투적으로'다른 부모들도 다 하는 말'이라 여기며 그 마음을 모르는 척했는지도 모른다.

지금의 내 모습이 부끄럽게 느껴졌다. 부모님이 이렇게 철석같이 믿고 있는데. '더 이상 실망시켜 드려서는 안 되겠다.'라는 생각이 번뜩 들었다.

게임을 끊고 제대로 공부 해야겠다는 결심과 의지는 이렇게 벼랑 끝에서 찾아왔다.

늦었지만, 이제라도 그 마음을 깨달았다는 것에 정말 천만 다행이라 생각했다.

부모님께서 못마땅해 하실 때는 게임에 몰두하느라고 내 생활 패턴이나 건강상의 균형이 무너질 때뿐이었다.

게임하는 행위자체로는 뭐라 하신 적이 없었다. 항상 이렇게 말씀하셨다.

"여유도 좀 가지면서 해~ 건강 생각해서라도!"

되도록 민감한 공부나 게임문제에 대해서는 언급하지 않으셨다. 그저'밥이라도 제대로 먹어가며 해라, 잠은 자면서 해라, 50분 하고나서 10분정도는 쉬어라.'정도였다.

예민한 부분에서 나와의 마찰을 일으키는 것을 되도록 피하셨다. 오히려 이런 학습 외적인 부분에서 좋은 습관을 길러주려고 노력하셨다.

돌이켜 생각해보면, 건강관리와 여유로움 같은 자기관리에 대한 관심이 지금의 나를 만든 굉장히 소중한 자산이라고 생각한다. 수험생의 처지가 되었을 때에도 마음의 안정을 계속 유지할 수 있었던 비결도 그것 때문이 아니었을까.

부모님은 그저 약간 떨어져서 내 뒤를 지켜 봐주시는 지원자이자, 든든한 응원군이셨다. 그렇게 안방에서 대화를 엿들은 계기로 부모님의 진심과 사랑을 깨달았다.

심각한 고민 끝에

코페르니쿠스 혁명이전 인류가 마치 천동설을 믿어왔듯이, 어렸을 적에는 세상이 모두 나를 중심으로 돌아가고 있다고 생각했다.

사실 이런 사상은 태어나서 성장기를 겪는 동안에 한번쯤은 가진다고 한다.

인터넷에서는 흔히 이 현상을 '중2병'이라고 부르곤 한다. 나에게도 그런 시기가 있었다. '난 남들과 무언가 달라.', '어차피 내 중심으로 돌아가는 구조로 되어 있으니까.'라는 식의 어처구니 없는 생각을 몇 번이곤 했다.

내 인생에 대한 책임감이라곤 관심도 없이, 어떻게든 되겠거니 하며 살아왔던 것이다.

하지만 시간이 흐르고, 머리도 점점 커지면서 깨달은 무언가가 생겼다.

한마디로 나는 지금 쥐뿔도 없다는 것을. 그때부터 차차 진지한 고민을 하는 기회를 갖기 시작했다. '나는 왜 태어났을까.', '무엇을 위해 사는 걸까', 그리고 '앞으로 어떻게 살아갈 것인가.'

이에 대한 해답은 의외로 단순했다. '행복'이다.

이 감정은 삶의 목적이 될 만큼 육체와 정신을 위아래로 타고 흐르며, 강하게 휘어잡는 힘이 있기 때문이다.

그렇다면, 내가 제일 행복한 순간은? - 게임을 할 때. 바깥에서 놀 때. 노래를 부르고 춤을 출 때. 운동을 할 때. 재미있는 책을 볼 때. 맛있는 음식을 먹을 때. 이불을 덮고 누워서 빈둥빈둥 뒹굴 때?

그런데 문제는, 현실적으로 볼 때 대부분 이러고만 살 수는 없다는 것이다.

행복을 추구하면서, 그것의 기본전제인 생계유지도 해야 하기 때문이다.

그 당시만 해도, 가수나 운동선수처럼 멋있어 보이는 직업을 갖고 싶었다. 하지만 이런 질문을 던지면서 생각을 바꾸어가기 시작했다.

과연 내가 진정 잘할 수 있는지에 대한 의문이다.

친구들과 같이 노래방에 가보면, 나보다 더 잘 부르는 아이가 많았다.

또 학교 내에서 운동을 하면, 입이 딱 벌어질 만큼 운동신경이 끝내주는 친구들이 몇몇 보였다. 아무래도 나의 노력으로는 채울 수 없는 기본적인 소질의 차이가 엄연히 존재했다.

'무언가 좀 더 나만의 특별한 장점을 살릴 수 있는 것이 없을까.' 이런 고민을 진지하게 하기 시작했다. 그러곤 어렸을 때부터 귀에 닳도록 들어오던 어떤 한 마디가 떠올랐다.

'책 속에 길이 있다.', '어떤 일을 하든지 학문은 필요하다.' 일단 공부를 해보면 가장 잘 맞는 세부분야를 찾을 수 있을 것 같았다.

더 나아가서, 나만이 개척할 수 있는 틈새시장을 만들고자 하는 포부도 잠깐 떠올려 보았다. 또한, 부모님께서도 평상시에 내게 공부가 가장 잘 맞을 것이라고 말씀하셨다.

그것도 무시할 수 없는 부분이었다.

게임을 모르고 지냈던 아주 어렸을 때에는 꽤나 총명하다는 소리를 주변에서 많이 들으셨다는 이유에서다.

그러나 그 때까지 실망스러울 정도로 공부에 의욕이 없었던 나를, 잘해낼 수 있다고 끝까지 신뢰해주시는 부모님의 모습은 놀라움을 넘어서 당혹스럽기까지 했다.

그 믿음이 발등에 불로 떨어져 마침내 심장으로 옮겨 붙었고, 가슴을 더 뜨겁게 달구었다.

이렇게 치열한 고민이 끝났다. 속이 참 후련했다.

한편으로는 시작이라는 낯설음에 두려움도 뻗쳤지만, 뚜렷해진 동기는 그것을 이겨낼 만했다. 그 때부터 남아있는 일은, 오직 '실천 하는 것'뿐이었다.

공부하기로 마음먹고 나서

공부하기로 마음먹게 되면서 우선은 무작정 책상 앞에 앉아서 책을 펴고 보는 습관을 들이기로 했다. 그런데 왠지 집중이 되질 않았다.

집에는 가족들이 있고, 편안한 잠자리가 있으며, 거실엔 컴퓨터, TV, 냉장고, 소파까지 있다. 게다가 머릿속에 자꾸 며칠 전까지 애지중지 키우던 캐릭터의 모습이 아른거렸다. '그 퀘스트만 깼으면….' 미처 끝내지 못한 게임 속 임무에 아쉬움을 떨치지 못했다. 때로는,'컨트롤 연습 조금만 더 하면 콤보로 다 휩쓸면서 다닐 수 있을 것 같은데….'라고 생각하며 책은 키보드고,

펜은 마우스이듯 열심히 펜과 책을 두드리며 손가락연습을 하기도 했다. 한편으로는 다른 전략시뮬레이션 게임의 전략구상을 하며, 혼자 시나리오를 상상하고 그 상상 속에서 수많은 군대를 호령해보기도 했다.

처음에는 이런 수많은 잡생각들로 몇 시간이 금방 지나곤 했다. 아까 펴놨던 책의 쪽수는 넘어가지 않았고 결국 집에선 이렇게 더 이상 안 되겠구나 싶었다. 어디 공부할 만한데 없나 고민하다가 큰누나가 가끔 데리고 가던 '독서실'이라는 곳이 떠올랐다. 이제껏 경험해본 장소 중에서 가장 학업에 대한 열기로 가득한 공간이었다.

그때의 기억을 회상하고 난 후, 영감을 얻었다.

들어가자마자 풍기는 그 엄숙한 분위기. 어안이 벙벙했다.

그것은 산만했던 나를 저절로 진득하게 앉아있도록 만들었다.

부모님께 독서실에 보내 달라고 말했다.

"저기 집 앞에, 큰누나가 다녔던 독서실에 한 달만 끊어줘. 이번엔 마음잡고 공부해보게.", "저번에 따라가 봤더니 분위기가 좋더라고. 아무래도 집에선 안 되겠어." 이런 나의 설득에 부모님은 기분 좋게 허락해주셨다.

"네가 열심히 하려는 모습이 보기 좋구나. 가서 잘 해봐."

편하게 웃으시며 내 어깨를 다독여주셨다.

시작이란 큰 부담이고, 마음가짐을 한 순간에 실천으로 돌리기엔 힘들다는 걸 누구보다 잘 이해해 주셨다.

그런 부모님을 보며 '꼭 무언가를 보여드려야지.'하고 속으로는 단단히 마음을 먹었다. 그러나 공부 열심히 잘해서 1등 할게라는 식의 확실히 지킬 수 없는 약속은 하지 않았다.

독서실에 가는 짧은 시간동안 이런 많은 생각을 했다.

'나를 위해 그리고 믿어주는 모든 사람들을 위해 정말 실천해보이자!'굳은 다짐도 해보고, 한편으로는 '앞으로 내가 어떻게 변해있을까?'

그 날 이후로, 독서실에는 하루도 빠지지 않고 충실하게 다니기 위해 노력했으나 처음엔 쉽지 않았다.

독서실은 스스로 집중할 수 있는 시간을 만들어주었지만, 습관이라는 것은 정말 무서운 것이었다.

집에서는 좀처럼 떨칠 수 없었던 게임에 대한 잡념이 독서실에서도 조금 줄기는 했지만 여전히 괴롭혔다. 게다가 순간순간 '딱 한 판만!'이라는 달콤한 유혹이 있었다.

그 유혹은 아무도 지켜보지 않는 독서실이었기에 더 컸던 것 같다.

결국 참을 수 없을 때는 곧장 달려가 정말 속 시원하게 한 판만 하고 오기도 했다.

그래도 늘 '이제 마지막이다! 절대 PC방 근처에는 가지도 말자!'하고 철저하게 자신을 가두려고 애썼다.

종종 어머니, 아버지께서는 집으로 돌아올 때쯤에 아파트 베란다로 내려다보곤 하셨다. 그때는 몰랐지만, 내가 대학생이 된 나중에서야 부모님께서는 웃으면서 말씀하셨다. "사실, 네가 독서실이 아닌 PC방 쪽에서 오는 것을 여러 번 보았다." 하지만 한 번도 말하지 않으셨다.

시작도 스스로 했으니, 지속도 스스로 할 것이라고 굳게 믿었다고 말씀 하시는 것이었다.

그렇지만 무조건적으로 압박하는 것보다 오히려 나만의 룰을 정하여 조금에 틈을 주는 것이 낫겠다는 생각을 했다 .너무 스스로를 갑갑하게 만들다 보니 공부에 더 집중이 안 되는 것 같았기 때문이다.

집중해야 할 시간에는 확실하게 집중해서 공부를 하고, 쉬는 틈엔 잠깐 게임을 했다. 그렇게 조금씩 횟수를 줄여나가다 보니, 더 이상 게임 속에 화면이 괴롭히는 일은 없었다. 물론 게임하던 손놀림이라고 할지, 습관은 남아 있어서 손가락을 아주 가끔씩 움직여대긴 했지만 크게 심하진 않았다. 신기한 일이었다. 자연히 PC방에 가는 횟수를 줄이게 되었다.

일주일에 한 번은 가던 것이 나중엔 이 주일에 한 번, 한 달에 한 번……. 그리고 거짓말처럼 이젠 컴퓨터 앞에 앉을 때 책이 떠올랐다.

'아, 아까 풀지 못한 문제, 그걸 이렇게 한번 풀어볼까?'

다시 모든 대상에 '왜?'라는 질문을 던지던 김동환의 얼굴로 비집고 나오기 시작한 것이다. 반가웠다.

점점 공부에 흥미를 가지게 되고 게임보다 더 즐거운 현실 위로 올라오자 삶의 많은 부분들이 다르게 보이기 시작했다. 그리고 진정 좋아하는 것, 원하는 것이 무엇인지, 참된 나로서 살기 위해 무엇을 하면 좋을지에 대해 깨닫게 되었다.

그때부터 오직 내 자신을 이기기 위해, 내 삶을 위해 공부를 하게 된 것이다.

그렇게 독서실자리에 몸이 익숙해져 갔고, 공부는 진정으로 '재미있고, 해볼만 한 것'이 되었다. 변화는 확실히 집에서의 모습에도 나타났다.

여태껏 집은 휴식의 공간이었을 뿐이지만, 이젠 집에 와서도 독서실에서 마저 못한 것들을 하고 싶었다.

'책상위에 이 책 저 책 난잡하게 펴놓고 보기', '추운 베란다에서 이불 돌돌 말고 수학문제 풀기' 예전과는 전혀 다른 집에서 기묘한(?)습관이 생긴 것이다.

이런 모습을 보고 부모님도 확실히 느꼈으리라 생각한다. 하지만 내겐 별 말씀이 없으셨다.

한참 후에 들었지만, 부모님께서 "얘가 이제 공부를 좀 하려고 하는구나."하며 기특하다고 서로 이야기를 주고받으셨다고 한다. 내게 심적인 부담을 주지 않으시려고 특별히 더 잘해주거나 하지 않으신 것 같다.

언제나 그랬듯이 평상시와 똑같이 말을 걸어주셨다.

게임에 빠져있을 때는 부모님이 어떤 좋은 말씀을 하셔도, 대충 흘려들었다.

그러나 마음가짐을 고친 이 후부터는, 부모님과 적극적으로 대화를 하게 되었다.

이전까지 게임에 빠져있을 때는 좀 더 강한 자극을 원하고, 그렇게 차차 난폭한 게임을 접하면서 성격이 좀 비틀어 진 경향이 있었다.

특히나 그런 요소가 사춘기라는 시기에 더 나를 망가뜨릴 가능성이 있었을 것이다.

그러나 이 계기로 어렸을 때 가족들과 친밀하고 편안했던 관계, 그 때의 모습, 성격으로 점점 돌아가고 있었다. 마음이 한결 가벼워지고, 평온해졌다.

이제는 부모님의 믿음에 부응할 수 있다는 자신감이 생긴 것이다.

대화의 주제는 주로 요즘 학교에서 어떻게 지내고 있고, 어떤 공부를 하고 있는데 문제점이 어떻다는 것과, 재미있었던 일과 요즘 관심이 있는 분야와 같은 일상적인 것 이었다.

그런 것을 이야기하면서, 부모님은 '나'에 대한 이해도도 자연스레 더 높아졌고, 아침에 신문을 읽으시고, 내 관심에 맞추어 흥미로운 기삿거리를 건네주시곤 하셨다.

조선일보에서 주간으로 나오는 '맛있는 공부'섹션을 매주 보면서, 진짜 공신들의 공부비법을 따라해 보기도 했고, 그들의 성과에 대한 부러움의 마음으로 의욕이 샘솟기도 하였다. 그리고 고등학교 초반기에는 문과계열을 지망하면서 경제에 관심이 많았었는데, 해당 분야의 기사를 접하면서 경제현황과 이슈를 빠르고 쉽게 얻을 수 있었다.

이공계열에 진학 한 이후부터는, 자연과학 분야들의 주제와 여러 연구 방향에 대한 기사를 받아 보면서 시야를 넓힐 수 있었다.

평소에 신문을 잘 찾아보지도 않았고, 가끔 보더라도 그곳엔 정보가 너무 많아서 무엇을 보아야 할지 몰랐었는데, 차차 그 방법에 눈을 뜰 수 있었다.

물론 추후에는 부모님들이 전해주시는 기사 외에 스스로 정보를 찾아나서는 독립심으로 발전하였다.

끊임없이 자극하고, 자기 반성하기

자기 주도적으로 무언가를 한다는 것은, 나 자신과의 싸움을 선포했다는 말과 같다.

언젠가 학원의 교육방식에 회의를 느끼고 그곳으로부터 벗어난 이후, 나를 통제할 대상 하나가 사라졌다. 그 이후로는 어느 누구도 나에게, 성적이 떨어졌다거나 하루치 공부를 다 하지 않았다는 이유로 닦아세울 사람이 없었다. 처음에는 정말 좋았다.

거의 매일 같이 당하던 훈계와 체벌을 면하는 그 안락함 때문에. 하지만, 동시에 양날의 칼이 내 목을 겨누었다. (하여튼 세상 일치고는, 안락하고 편안하게 해서 잘 되는 꼴을 본적이 거의 없다.)

그 위험성을 절감하면서, 어떻게 대처할지 고민하기 시작했다.

엄마한테 매일 공부한 내용을 검사라도 맡아달라고 할까. 친구한테, 내가 혹시 독서실에 있지 않고 딴 짓하다 걸리면 벌칙이라도 받겠다고 할까. 아, 아니다.

이럴 바에야 차라리 다시 학원을 다니고 말지. 부탁하기 번거롭고, 더군다나 누가 나한테 간섭하거나 꾸짖는 것도 싫으니까. 그러다가 아주 굳은 결심 하나를 떠올리게 되었다.

내 몸 안에 철통같은 감시탑을 몇 개 설치하기로. 여태껏 내 스스로에게 혹독해 본 적이 없었다. 누구보다도 나에게만큼 가장 너그러운 사람은 바로 나였다.

무슨 일이 일어나고 그 누군가가 어떤 위로를 해주더라도, 결국 마음을 가라앉게 해주는 건 늘 자기 합리화라는 달콤한 회피였던 것이다. 하지만, 이제는 나를 꾸짖고 또 때로는 영감을 주는 주체가 바로 자기 자신이 되었다.

그 구체적인 사례는 고등학교 시절 쓰던 방과 책 속의 모습에 있다.

우리는 종종 스스로에게 일침을 가하고, 반성을 하게 하는 상황을 접할 때가 있다.

책이나 신문을 읽다가 문득 깨달음을 주는 구절을 만난다던가.

부모님이나 선생님을 비롯한 어르신으로부터 좋은 인생경험을 전수 받았다던가.

나의 어떤 잘못이 문제를 일으켜서. 후회스러운 생각을 한다던가.

그 순간만큼은 정말 가슴이 찌릿하면서, 개선의 의지를 불태우곤 한다.

하지만, 하루가 지나고 또 이틀이 지나면 점점 잊게 되는 불편한 진실.

나중에 다시 비슷한 상황을 접하게 되었을 때는 또 어떻게 될까. 내성이 생겨서 가슴 찔리는 그런 감정은 무뎌지고, 각오와 결심을 다지는 것마저 게을리 하게 된다.

이런 고질적인 문제를 해결하기 위해, 나에게는 그런 것을 눈에 띄는 곳에 늘 메모하는 습관이 생겼다. 영감과 자극을 줄만한 소재를 발견하기만 하면, 어김없이 그것을 메모하는 것이다.

특히나 그 내용이 내게 정말 많이 필요하고 강력한 것이라면, 빈 A4용지에 커다란 글씨체로 옮겨 적은 후 벽에 붙였다.

1. 어렸을 때부터, 까불대기를 좋아하고 산만하며 장난치기를 좋아했던 나에게.

집에 있을 때, 들락날락거리며 보라고 방문에 이런 구절을 써서 붙였다.

'집중력의 한계에 도전해보자.'

냉장고에는 뭐가 들어있나, 누나는 뭘 하나, 엄마는 무슨 TV 프로그램을 보고 계신가?

영 쓸데없는 별의 별 잡생각으로 방문을 들락날락하던 나였기에, 끈기와 집중력을 키우고 싶었던 것이다. 물론 독서실을 주로 다녔지만, 분명 집에서도 공부를 해야 할 때도 있었고 그럴 때마다 집중을 잘 하지 못했었다. 하지만 이 벽보를 붙이고 나서부터, 문을 열고 나가려고 그쪽을 향해 고개를 돌리기만 해도.

'아, 되도록 오래 책상에 앉아있어야지. 냉장고 걱정, 가족 걱정, 화장실 걱정은 조금 더 나중에, 한꺼번에.'

이런 생각이 들면서, 자극을 받을 수밖에 없었다. 이런 계기로 나의 엉덩이가 점점 무거워지기 시작한 것이다. 한 번 의자에 앉으면 잘 떨어지지 않는 강력 접착제처럼.

2. 잠에 대한 애착이 누구보다 강한 편이고, 그래서 침대의 유혹을 쉽게 뿌리치지 못했던 나에게.

침대에 누우면 볼 수 있도록, 침대 바로 위 천장에 이런 구절을 써서 붙였다.

'지금 잠을 자면 꿈을 꾸지만, 지금 공부를 하면 꿈을 이룬다.'

잠깐의 달콤한 안락을 위해, 꿈을 꾸기 위해 이곳에 눕는 것이 나을까.

아니면, 침대보단 더 딱딱한 자리에 앉아서 불편하고, 또 머리 쓸 생각에 골치가 아프지만 꿈을 이루기 위해 책상 앞으로 가는 것이 나을까.

항상 책상 앞으로 가는 것을 택한 것은 아니다. 둘 다 나름의 장점이 있으니까. 하지만 그때까진 항상 침대가 책상을 일방적으로 이기는 싸움을 했다면, 이젠 적어도 둘 중의 선택을 고민하기까지의 성장을 이룬 것이다.

3. 잠깐잠깐 멍을 때리는 나에게.

책을 보다가 영 몰입이 안 되면, 하나같이 하는 것이라곤 책상 바로 앞을 멍하니 바라만 보고 있는 것이다. 이게 잠깐잠깐 지속되는 것이면 모르겠는데, 한번 멍을 날리기 시작하면 그 잡생각이 혼자만의 상상의 나래를 펼치며 지속된다. 그렇게 허비되는 시간이 아까웠기 때문에, 책상 바로 앞 벽면에 이런 구절을 써서 붙였다.

'뭘 봐. 여길↓ 봐.'

고개를 아래로 숙이고 책을 보다가, 위로 드는 순간 바로 마주치는 이 구절.

뜨끔한 마음에 재빨리 다시 고개를 숙여 책을 보게끔 했다.

유치하기 짝이 없고, 아주 단순한 구절들을 써 붙인 것뿐이다. 하지만, 생활 구석구석에서 자리를 잡고 날 감시하며 응원을 해주던, 아주 고마운 것들이 아니었나 생각한다.

책 속에도 이런 역할을 하는 메시지들을 자주 담았다.

4색 볼펜 공부법에서 소개하겠지만, 잠시 언급하자면.

경고와 주의의 의미를 갖는 빨간색 글씨로, 실수한 부분 또는 실수할 만한 부분을 철저히 관리했다.

문제를 풀고 채점을 하거나 풀이방식을 재점검 할때, 잘못된 부분을 발견하면 그 부분에서 화살표 꼬리를 쭉 늘여놓는다. '여기서 착각의 늪에 빠짐. ~~식으로 생각하면 안 되고, ……식으로 생각해야 함!' 때로는 반복적인 실수로 너무 어처구니가 없어서, 다시는 그러지 말라고 욕설까지 쓰기도 했다. '매번 틀리는 부분! 이번에 또 틀렸어. 미친 거 아니야?' 또, 얇은 빨간색 볼펜심이 말고 수성용 사인펜으로 쓰면 그 굵직함에 자극효과는 더욱 확실했다.

공부에 생각을 담는다는 기본이념으로 공부를 하는 나에게는, 초록색은 아주 각별한 색깔이다.

검정색과 파란색이 단순한 '지식'의 전달이라면, 초록색은 그것을 넘어선 영역을 담당한 것이다.

'A는 B이다'식의 평범한 정보전달이기보다는.

'A는 왜B 일까', 'A는 B라는 사실은 무슨 의미를 지닐까', 'A는 B이라는 것 외에 다른 접근을 할 수 없을까'식의 심층적인 생각이다. 이런 질문을 하고, 그에 대한 해답을 스스로 혹은 다른 사람과 함께 찾아나가는 과정을 정리하는 것. 그것이 바로 초록색의 역할이다.

실수에 주의를 주기도 하고, 때로는 신선한 문제제기를 하여 해답을 찾아가는 흔적을 남기는 일. 이것이 나를 기본개념만 익히는 차원에서 더욱 높은 차원으로 발전시켜 주었고, 사실 이것이 1등급으로 도약하는 발판이었던 것이다.

이 사진에 나란히 있는 두 권의 책을 보자.

모양과 두께가 거의 똑같은 것을 확인할 수 있다.

반면에, 겉표지는 약간 다르게 생겼다. 사실 이 책들은 같은 종류의 책이다. 일반물리학1, 일반물리학2 라는 제목의 책이다.

여기서 하얀 종이로 감겨있는 책이 물리학2 교재이다. 2011년 여름계절학기. 방학 때에도 이왕이면 학교에 나와서 공부하자는 목표로 아침9시~12시까지 하는 물리수업을 신청하였다. 하지만, 그 과정은 비극적이었다.

약간의 핑계를 가미하자면, 대학교에 와서 난생 처음 듣는 방학수업이어서 그런지 아침에 눈을 뜨기를 번번이 실패했다.

고등학교 때만 해도 방학이면 더 늦게까지 자는 것이 일상이었기 때문이다. 그래서 수업에 많이 참여하지 못했던 것은 물론이고, 또 방학이랍시고 이런 저런 못해본 것 해본다고 계획을 세웠더니 공부에 소홀해질 수밖에 없었다.

시험은 중간고사와 기말고사를 보았는데, 기말고사에서 크나큰 낭패를 보았다. 답안지를 2장이나 나누어주었는데, 다른 사람들은 양면에 꽉꽉 채워서 쓰고 있었다. 반면에 나의 답안지는, 한 장이 아예 텅텅 비었고 다른 한 장도 한 면에만 글씨의 흔적이 있을 뿐이었다. 예상을 하고 있었지만, 역시나 결과는 뼈아팠다.

대학에 와서 처음 받아보는 C0학점이었다. 결과가 어떻게 나왔던지, 일단 내가 최선의 노력을 하지 못한 것이 너무 부끄러웠고 이 실수를 다시는 반복하고 싶지 않았다.

그래서 이때의 수모(?)를 잊지 말자는 의미로 책에 종이를 두른 것이다. 사실 그 종이는 그냥 종이가 아니다. 기말고사 때 이름만 적은 채, 내용은 전혀 채우지 못한 바로 그 비극의 답안지인 것이다.

가끔 이 책을 볼 때면, 그 때의 기억이 아직까지도 아른거려 가슴이 뜨끔뜨끔하다.

지금 잠을 자면 꿈을 꾸지만
지금 공부하면 꿈을 이룬다!

어딜 감히 나가려고?
끈기가 그 정도밖에 안되요?

뭘봐? 얼른 고개 내려!

학점제도란?

대학에서 성적부여방식으로서, 고교에서의 등급제와 유사한 방식이다. 고등학교 때의 등급제와 비슷한 개념이어서 그 학점을 성적백분율로 나누어준다. 그러나 그 배분기준은 강의명이나 교수님마다 약간씩 차이가 있다.

학점이 좋은 순서는 A〉B〉C〉D이고, 각각 4,3,2,1점에 해당한다. 여기서 추가사항이 있다.
1. +와 0만 있는 학교의 경우: +가 붙으면 0.5점 추가이다. 따라서 4.5점이 만점이다.
2. +와 0와 – 모두 있는 학교의 경우: +가 붙으면 0.3점 추가이고, –가 붙으면 0.3점 가감이다. 따라서 4.3점이 만점이다. 내가 얻은 C0는 4.3점 만점에 2점인 셈이다.

공부와 우정을 함께 나누자
BOOK
TO SCHOOL
TO SCHOOL!
SCHOOL
BACK TO

친구는 경쟁자가 아니라 협력자

점점 복잡해져가는 사회 속에서, 하루하루를 살아가고 자신하나 챙기기에도 바쁜 나날들이 계속되고 있다. 하지만 이런 때일수록 사람과 사람사이의 도움이 더욱 절실히 필요하다.

인간은 주변에 영향을 미치는 주체이자, 반대로 역시 주변으로부터 영향을 받기도 하는 객체이기 때문이다. 최소한 자신에게 주어진 환경을 사랑하고, 아끼며 사는 것이 이런 의미에서 정말 중요하지 않을까 생각한다.

이번 장에서 할 이야기의 핵심이 바로 이에 대한 것이다.

학창시절의 친구들 중에서 가장 특별한 친구들을 고르라면, 단연 고등학교 친구들을 꼽고 싶다. 대학입시라는 힘겨운 관문을 함께 뚫고나갈 특별한 동반자였기 때문이 아닐까. 하지만 현실적인 모순점도 있을 수 있다.

내신이라는 굴레아래 한 사람이라도 더 앞으로 치고 나가야 하는 경쟁의 논리 속에서 살아가고 있다는 점이다. 학교생활과 성적관리 등 여러 가지 문제로 인한 중압감. 그 감정이 쌓이고 쌓여, 마음을 더욱 다급하게 하는. 그렇게 눈에 띄지 않게 닫아버리는 마음의 문. 또 이것은 꼬리에 꼬리를 무는 연쇄반응을 일으킨다.

이런 암묵적인 관계의 벽을 짓는 것이, 결코 우리가 바라는 목표인가? 조금 더 널리, 그리고 멀리 있는 것을 보려고 노력해보자.

그래도 몇 년 동안 함께 그 어려운 길목을 헤치고 나갈, 아니 어쩌면 죽을 때까지도 함께 할 수 있는 소중한 동지다. 콩 한쪽이라도 같이 나누어 먹고, 단편의 지식이라도 공유하는 것이 사소해 보일지라도 정말 서로에게 큰 힘이 되는 것이다.

물론 우리는 서로에게 진지한 고민을 털어놓고, 위로를 하며 우정을 쌓았다.

그래도 단연 고등학교시절 최대의 고민거리는 공부와 입시 준비였기 때문에, 그 부분에서 도움을 주고받는 것을 서슴지 않았다.

중학교 때에는, 솔직히 모르는 것이 있어도 공부를 더 잘하는 친구들 앞에서 물어볼까 말까 우물쭈물하기만 했다.

'너무 쉬운 것을 물었다고 나를 얕보지는 않을까.', '내가 질문을 하면 귀찮아하지는 않을까.' 이런저런 고민을 하면서 말이다.

하지만 고등학교에 와서는 그 태도와 마음가짐을 바꾸었다. '그까짓 자존심이 배움 앞에서 무슨 소용 있겠어. 결국엔 모른다는 것이 더 자존심을 상하게 하는 것이다.'라고 속으로 삭히며, 정말 배우고자 하는 마음에 몰두하기 시작했다.

그런 생각으로, 과목별로 성적이 좋은 친구들을 일일이 찾아가 궁금한 것이 있을 때마다 물어보았다. 그러다보니 종종 이런 일이 흔하게 생겼다.

"거기 비어있는 자리는 뭐야, 설마 또 동환이야?" 수업 종이 울리고 선생님이 들어오시면, 맨 앞줄에 비어있는 자리를 보며 아이들에게 묻는다.

"원래부터 그러죠. 쉬는 시간에 자리에 가만히 있는 걸 별로 못 봤어요. 하하하"

"이젠 나도 그러려니 한다. 자. 수업이나 하자!"

선생님과 반 아이들이 이런 대화가 끝나기가 무섭게 교실 문을 급하게 열고선, 눈치를 보며 들어오곤 했다.

"늦어서 죄송합니다!"

"아, 동환이 이 자식. 열의 있는 것 다 좋은데 그래도 종이 울렸으면 얼른 수업 들어와야지."

"네, 다음부턴 일찍 다닐게요!"

쉬는 시간에 짬을 내서 다른 반 친구들이나 선생님들께 궁금한 것을 물어보고 오는 길이었다. 그 이야기에 심취하다보면 가끔은 시간이 너무 짧아서 어느새 쉬는 시간이 끝난 줄도 몰랐다. 친구네 반에 선생님이 들어오시고서야 수업 시간이 되었단 걸 깨닫고 부랴부랴 우리 반으로 뛰어오고 그랬다.

오죽하면, "동환아 너 5반 아니었냐? 매번 이 반에 들어오면 애들이랑 노닥거리고 있네.", "아니 저번엔 다른 반에 있더니 오늘은 이 반에 있네? 얼른 너의 고향으로 돌아가렴." 하는 선생님들의 말씀을 한두 번 들은 것이 아니다.

이렇게 선생님들한테 자주 지적을 당하면서까지 이곳저곳 다니며 공부를 했는데, 그만큼 값진 결과를 얻을 때가 많았다. 종종 쉬는 시간동안에 친구랑 상의했던 내용들이 수업시간에 속속 나올 때가 바로 그 대표적 예이다.

누구보다도 수업에 리액션을 잘 할 수 있었고, 역으로 선생님께서 놓친 부분을 지적 할 수도 있었다. 그럴 때면 진짜 제대로 공부한다는 자신감이 가슴 속에 꽉 차오르는 기분이다.

물론 그런 교류가 있었던 친구들도 또한, 나와 같은 감정을 몇 번쯤은 맛보았을 것이다.

내가 아는 지식을 다른 친구와 함께 나누자

돈이나 음식과 같은 물질적인 것은, 누군가에게 나누어 줄수록 내 것의 일부를 잃게 되는 것이 분명하다. 하지만 지식과 정보라는 정신적인 가치는 그렇지 않다.

손실이 일어나는 게 아니라, 오히려 그 가치가 상승하는 역설적인 현상이 일어난다. 한 가지 비유를 들자면, 물이 흐르지 않고 고여 있으면 썩는다는 말이 있다.

내 안에서 꽁꽁 싸매고 있는 지식은 더 이상 진보하지 못하는 반면, 타인과 함께 나누면 더욱 양질의 지식으로 되돌아올 수 있다는 의미이다.

나는 친구들이 먼저 다가오길 기다리기보다는, 그들이 공부하는 모습에 관심을 갖고 지켜보고 있었다. 그렇게 내가 더 적극적인 자세를 취한 이유는, 함께 하면 더 능률적이라는 생각 때문이었다.

의욕은 있는데, 막상 실천하기를 망설이는 눈치가 보이는 친구들이 종종 있었다.

그래서 그런 모습이 눈에 들어오면, 먼저 다가가 "주말에 자습실 와서 같이 공부하자."라고 제의를 했다. 그러면 친구들은 대부분 나의 제안에 반기어 주곤 했다.

나는 주로 그런 식으로 공부했다.

게임중독 상태에서 벗어나 공부를 하면서 여러 가지 새로운 것들을 많이 경험했다. 그 중에서도 사람들과 진실한 인간관계를 맺게 된 것이 가장 큰 긍정적인 변화였다.

지금 아이디가 'T 없이 맑은 Eyes'로 통할 만큼 친구들 사이에서는 해맑게 웃는 것이 내 트레이드마크가 되었다. 더불어 공부에 대해 더 큰 흥미가 생기게 되었고, 새로 안 지식을 친구들에게 알려주기까지 하다니 크나큰 기쁨이었다.

'나도 누군가에게 도움이 되는 사람이다, 누군가에게 좋은 사람이 되었다!' 이것은 이전의 나로선 한 번도 맛보지 못했던 감동이었다. 점점 신이 났다.

친구들마다 제각기 장단점이 다 있었다. 언어를 잘하는, 영어를 잘하는 친구, 등등 우린 그렇게 서로 아는 것을 하나도 남기지 않고 쉼 없이 쏟아놓았다.

우리 사이에 경쟁과 시기심이란 존재하지 않았다. 오직 우리의 경쟁상대는 전국의 우수한 학생들이며, 더 나아가 세계의 우수한 인재들뿐이었으니까.

하지만 맨 처음에는 친구들이 내게 영어를 알려주는 대신, 난 그나마 잘했던 수학을 알려주는 게 고작이었다. 아니 시작은 모르는 문제에 대해 같이 고민하고 풀어보는 정도에 지나지 않았다.

하지만 시간이 지날수록 친구들과 선생님을 통해 얻은 지식들은 방대해져만 갔고, 또 그것을 친구들에게 알려줄 수 있게 된 것이었다. 어느 순간부터 친구들과 학문적 교류가 오가게 된 것이다.

누군가에게 내가 아는 것을 가르쳐준다는 것이 그렇게나 기쁠 수 있다는 걸 처음 깨닫게 되었다.

신문 기사를 보면서, 혹은 주변에서 얘기를 들어 보면 자신의 가까운 친구들을 경쟁자로 인식하고 함께 공부하는 것조차 꺼린다고 한다.

심각할 때는 가장 친한 친구가 자신보다 더 높은 성적을 받았기 때문에 자존심이 상하여 나쁜 마음까지 든다고 하는 경우가 있었다. 하지만 학문을 나누는 친구 사이엔 경쟁이란 존재하지 않는다.

그런 것들은 결과적으로 우리 스스로를 학교라는 좁은 틀 안에 가두는 것 밖에 되질 않는다.

또 나중에 솔직하게 털어놓아 알았지만, 처음엔 우리 친구들끼리도 질투심과 경쟁심을 느꼈다고 한다. '아니, 공부 잘하는 애들끼리 어떻게 공존공생이 가능한가? 뭔가 모르는 다른 꼼수가 있을 것이다.'라고 생각했다고 한다. 하지만 시간이 흐를수록 변함없는 진심을 알게 되었고, 믿게 되면서 그런 의심들은 자연적으로 풀렸다. 그래 진실은 언제나 통하기 마련이지.

하지만 나 역시 그때 부모님의 마음을 운 좋게 알지 못했더라면, 지금의 공부하는 모습을 떠올리기가 쉽지 않았을 것이다.

주위를 둘러 보면 내가 힘들 땐 도와줄 친구들이 한 두 명은 분명히 있다. 또 가족들이 뒤에서 자신을 믿고 응원을 하고 있다. 내 스스로가 먼저 굳게 닫은 마음의 문을 열고 보면, 지금 자신에게 처한 이 환경이 그렇게 나쁘지도, 불리하지만도 않다는 것을, 아니 오히려 긍정적이고, 희망적이라는 것을 알게 되고 감사하기까지 할 것이다.

누구에게나 공부하는 것이 쉽지는 않다. 그렇다고 포기 할 수도 없다. 또, 왜 제대로 노력다운 노력 한번 안 해보고 벌써 포기하려 하는가?

"하늘은 스스로를 돕는 자를 돕는다."라는 말이 있듯이 내가 포기하고 절망하는데 다른 사람이 대신 희망을 갖게 할 수는 없다. 하지만 진짜로 공부하겠다고 굳게 마음먹고 제대로 된 방법으로 실천하기만 하면, 누구나 공부에서도 자신의 꿈을 이룰 수 있다.

흔한 말로 "나도 할 수 있다."라는 생각을 가지라고 하지만, 실천이 따르지 않는 생각은 공상일 뿐이다.

도전해보자! 한때 게임중독자였던 사람도 게임을 끊고 열심히 공부해서, 남들이 부러워하는 대학을 다니고 있는데, 다른 학생들이라고 못할게 뭐가 있겠는가?

쉽게 말해 독하게 마음먹고, 모질게 공부하면 못할 것이 무엇이고, 안 이루어 질 일이 무엇이겠는가? "태산이 높다하되 하늘 아래 뫼이로다. 사람이 제 아니 오르고 뫼만 높다하더라!" 고교시절 방에 써 붙여 두고 공부하다 가끔씩 보던 글귀 중 한 구절이다.

꿈과 열정을 가지고 같이 고뇌했던 친구들은 대학에 진학한 후 요즘도 자주 만나고 있다.

우리는 서로를 잊지 않았다. 친구들이 다니는 대학 캠퍼스를 안 가본 곳이 없고, 학교에서 새로운 친구들도 많이 소개 받았다. 학교탐방 소감은 내가 다니는 학교가 가장 크고 넓었지만, 그에 비해 건물이 낡았다. 또 우리는 서로가 학교 과제와 시험 공부도 같이 상의하고 한다. 대학에 들어간 것은 현재진행형에 불과하다.

우린 여전히 공부를 하고 있고, 마음을 나누고 있다. 우리는 이제부터 시작이니까! 내일을 향해 힘찬 발걸음으로 나아가고 있다.

자기맞춤형 공부법을 찾아보자

세 분의 선생님(5장)에서 언급하겠지만, 중학교 시절 수학을 가르치셨던 선생님을 굉장히 좋아했고 존경했다. 또한 나 자신도 존중을 받을 수 있도록 노력을 기울인 결과로 수학에 자신감을 얻었다. 그런 상태로 고등학교에 진학하여 첫 학기 수학내신에서 좋은 성적을 확보했다. 하지만 내 상태를 한 번 점검해 보아야겠단 생각이 들었다.

결과는 충격적이었다. 겉만 번지르르하고 속은 상처투성인 벌레가 먹은 사과와도 같았다. 내신 등수는 턱걸이 수준의 1등급이었다. 더 심각하게 느낀 것은 전국적으로 보는 모의고사가 3

등급이었다. 지금처럼 우물 안 개구리로 살긴 싫었다. 더군다나 내 별명이 '개구리'였던지라 (눈이 크고, 폴짝폴짝 잘 뛰어 다니고 해서) 정말 내 별명처럼 그 꼴이 되어버리고 싶지는 않았다. 이 때 이 의문이 떠올랐다.

"내가 정말 잘하고 있는 걸까?"

이미 대답은 나온 상태였다.

"아니."

변화가 필요했다. 스스로 만족을 할 만한 결과를 얻지 못한 이유는 분명 의지박약이었거나, 학습방법이 잘못 된 것이라 여겼다. 일단 모의고사를 학교시험에 비해 못 보는 원인을 찾아보았다.

3,6월에 친 시험지를 펼쳤고, 학교 시험지도 옆 책상에 가지런히 놓았다.

달라도 뭔가 다르다.

먼저, 모의고사 시험지는 아름다운 그림과 그래프가 많았다.

ㄱ, ㄴ, ㄷ형 문제도 많아 한 문제에 물어보고 있는 요소가 많았다. 고1 시험지였는데도 불구하고, 중학교 때 배우는 내용이 많이 나왔다.

반면에, 학교 시험지는 한 문제당 한 개의 개념이 사용되는 듯이 단조로웠다.

그때 스스로 커다란 충격을 받았고, 어이가 없었다. 이 상태로 3년을 계속 이어나가면 나중에 결과가 어떻게 될지 뻔히 예상할 수 있었기 때문이다.

이런 방식으로 스스로를 점검하고 문제의식을 제기했다.

이제 허점이 어디인지를 알게 되었으니, 올바른 공부법을 찾기 위해 제대로 나설 수 있었다.

당시 수학 공부를 할 때 봤던 책은'쎈'이었다.

이 책은 단원을 많은 유형으로 분류하고, 여러 문제를 깔끔하게 정리 해놓아 기본개념과 계산능력에 자신감을 키워줬다. 그러나 그런 부분에 치중된 만큼, 스스로 지적했던 '기하적인 그래프, 그림, 도형'을 스스로 해석하는 법, 여러 개념의 통합능력, 그리고 깊은 수준의 사고력을 배양하기엔 아쉽게도 조금 부족해 보였다.

그래서 책가방에 넣기도 힘든 커다란 모의고사 기출문제집을 샀다. 그리고 고3선배들이 종종 들고 다니던 것을 본 경험에 따라서 'EBS수능특강'이란 책도 샀다. 무료로 인터넷 강의를 제공해주는 장점 때문에 더욱 이끌렸다.

새로운 방법으로 어떤 일을 시작해 나간다는 것. 그것은 참 막막한 길이기도 하다.

하지만 "누가 이런 방법으로 해라!"하고 강요한 것이 아닌, 스스로 "이것이 괜찮겠구나!"하여 판단해서 내린 결정이라 오히려 더욱 더 실천해보고 싶은 의욕이 샘솟았고, 나에겐 엄청난 강점으로 작용하였다고 본다.

그 후 수리영역 성적은 9월에 2등급으로 올랐고, 또 11월에는 1등급이 되었다.

이런 변화에도 불구하고 결과가 나빴더라면, 노력이 부족했거나 방법을 잘못 모색한 것이다. 그렇다 하더라도 누군가의 힘에 의존하지 않고, 내 스스로 문제점을 인식하고 탐색한 해결방법으로 실천해낸 과정자체는 자랑스럽게 느낄만한 소중한 가치이다.

나만의 이야기를 만들자.
나 자신의 문제점은 내가 가장 잘 안다.
그러니까 해답은 스스로가 찾는 것이다.

"제가 어떠한 방법으로 공부를 했으니, 여러분도 이러한 방식으로 공부를 하십시오."

이런 식의 강요를 하고 싶지 않고, 또 함부로 그래서도 안 된다고 생각한다.

왜냐하면, 모든 사람에게 적용되는 룰이란 없기 때문이다.

"다른 사람이 어떻게 하여 이렇게 잘 됐다더라."하는 말은 그 다른 사람이 지극히 당신과 비슷한 상황에 처해 있을 때만 적용되지 않을까?

성적이 같은 상황이라도 서로의 성격, 성장환경, 공부방법, 약점단원은 분명히 다르다. 심지어 DNA배열 한 땀, 한 땀에서도 차이가 있을 텐데 말이다.

미래의 내 모습 앞에서 자존심을 버리자

'아 지금 내가 하고 있는 것이 정말 올바른 걸까, 계속 이래도 되는 걸까?'

학업이든, 생활이든, 연애든 상황이 불안정할 때 늘 뇌리를 스치는 의문점들이 있다.

어렸을 때부터 습관이 되어서 어른들에게 도움을 받는 것이 익숙한 세대가 있는데, 이 세대들은 그들에게 문제가 찾아올 때마다 도움을 청하려 한다. 그러나 그 따뜻했던 부모님의 손길에도 한계가 있다.

가장 흔한 예로, "엄마 요새 영어공부가 잘 안돼요."라고 말을 하거나 혹은, 암묵적으로 낮은 점수의 영어 성적표를 살포시 건내주는 상황을 생각해 보겠다.

일단 대다수 어른들의 반응은 "학원을 바꿔야겠다. 요새 S학원이 영어 잘 가르친다던데…"에서 "그럼 특단의 조치로 명문대생에게 고액과외를 붙여야겠다."까지 다양하다. 들은 바로는 그런 조치로 많은 진전이 되는 경우가 드물었다. 이제 이 이야기를 통해 스스로 문제점을 해결하는 과정이 그렇게 어렵고 막막하지만 않으며, 오히려 효과 면에서는 더 좋다는 것을 간접적으로 체험할 수 있으면 하고 바란다.

인류의 사고를 지배하는 세계관들 중에서, 우연과 필연으로 나눌 수 있는 부분이 있다. 그것은 바로 인과관계에 대한 것이다.

시간이 지나면 현재는 과거가 되고

미래는 현재가 되고

시간이 더 지난다면 미래가 과거가 되고, 더 먼 미래가 현재가 된다.

너무 당연한 이치이다.(상대성이론을 뒤집는 이론이 없다는 가정하에서.)

'앞으로의 결과가 어떻게 정해지는가.'에 답을 한다면,

필연인 미래의 변수는 현재다.

현재 판단하고 생각하고 행동하는 그 변수가 미래를 바꿀 수 있다.

우리는 지금 당장 아주 간단한 실험을 해볼 수 있다.

펜을 들고 노트에 낙서를 해본다.

노트는 바뀐다.

그것도 내가 원하는 대로.

나는 필연적으로 미래를 바꿀 수 있다고 믿는다.

사람들이 무슨 일을 하려 할 때 흔히 하는 말이 있다.

“아, 좀 쪽팔린데. 이거 어떻게 하나?”

이에 반해 어떤 사람들은

“어, 이거 괜찮겠는데? 한번 해볼까.”라고 말을 한다.

자연과 사회의 많은 부분들을 살펴보면, 반대적인 성격을 띠고 있는 두 요소가 서로 상호 보완적인관계를 갖는다. 여기서 말하고자 하는 적극성과 소극성도 그 관계에서 예외가 아니다. 하지만 하고자 하는 말은 각각이 장점, 단점을 가지고 있는 만큼 한쪽으로 저울질을 하지 말라는 것이 아니다. 도리어 어떤 일을 할 때 장점이 더 부각될 수 있기만 한다면, 한 쪽 경향으로 기우는 것이 현명하다고 말하고자 함이다.

이제부터 할 이야기에서는, 앞 문장의 '어떤 일'을 '배움'에 '한 쪽'을 '적극성'에 대응시키고자 한다.

우리는 수업시간에 맨 앞자리 앉기와 모르는 것을 질문하기 같은 것들을 귀에 닳도록 듣곤 한다. 사실 이 정도 차원에 머무르는 것은 아쉽다. 노하우가 쌓일수록 배움에 적극성을 개입시키는 방법을 많이 만들 수 있는데, 크게 볼 때 두 가지 매체가 있고 이를 적극적으로 잘 활용해보자.

두 가지로 나누자면, TV, 신문, 인터넷, 책 등과 같은'대중매체'(메스미디어)와 선생님, 전문가, 나보다 특정 지식에 해박한 선배, 후배나 동기와 같은 '인적매체'가 있다.

문제를 푸는 사람, 문제를 제기하는 사람

적극적으로 질문하며, 또 질문에 답하며 공부하기

우리가 흔히 하는 오해가 있다. '모르는 것을 친구에게 물어보면 친구가 날 얕잡아 볼지도 모르는데 어쩌나.'하는 생각이다.

공부를 잘하는 친구의 눈치를 살펴보며 공책만 만지작대다가 질문하는 것을 그만두곤 한다. 또 괜히 자존심만 상할까 봐 우물쭈물 빼고선 이렇게 생각하곤 한다.

'물어보면 재가 귀찮아할 거야.'라고, 하지만 대다수의 학생은 질문받기를 거절하거나 싫어하지 않는다. 먼저 다가오는 친구를 박대하고 귀찮아할 사람이 몇이나 있을까.

더군다나 남에게 무언가를 가르쳐주는 행위, 그자체가 자신에게도 도움이 되는데 말이다. 자신이 알고 있는 지식을 누군가에게 가르칠 수 있다는 것은, 그것을 확실히 알고 있다는 사실을 전제로 깔고 있다.

혹시 그 지식을 확실히 알지 못했다면, 빈틈을 메워 완벽한 지식으로 탈바꿈하는 기회를 얻는 것이나 다름없다.

내가 내 단점을 정말 잘 아는가? 자기 주관을 배제한 남들이 보기에 단점이 바로 내 단점이다. 누가 이렇다하고 찔러주는 것이 스스로는 볼 수 없는 나의 결점을 발견하게 되곤 한다. 우리가 공부할 때 일반적인 필수코스로 여기는 문제풀이도 부족한 부분을 메우기 위한 한 가지의 과정이다. 또한 여태껏 고민해본 적이 없는 심오한 질문을 받는 기회도 얻는다.

한참 생각할 거리를 얻는 것이다. 사람들마다 가지고 있는 개성과 성격의차이로 각자만의 새로운 생각과 질문을 만들어낸다.

유명한 이공계열 교수님들의 강의를 듣다보면, 새로운 질문을 제기하는 것이 가장 중요하면서도 어렵다고 한다. 그러면서 거의 똑같이 이런 말씀으로 끝맺으시곤 한다. 정말 똑똑한 사람은

'문제를 잘 푸는 사람'이 아니라, '문제를 잘 만들어내는 사람'이라고. 그렇다. 사람들의 보는 관점에 따라 얼마든지 새로운 여러 가지의 가능성이 열려있다. 따라서 자기만의 독자적인 관점에서 문제의식을 갖고 새로운 방식의 해결책을 탐색하여 알려주는 것. 이건 어렵게 쓰인 책에서 얻을 수 없는 것들이다.

친구는 이렇게 알려주면서 자신의 생각을 정리할 수 있게 되고, 자신이 생각한 것에 오류가 있는지, 없는지를 한 번 더 파악할 기회를 갖게 된다.

어렵게 생각하지 말자. 나와 친구는 질문을 통해 서로가 '기회를 갖게 되는 것'이다. 하지만 무작정 친구에게 묻기만 하는 것은 물론 문제가 있다. 친구와 내가 공부하고 생각하는 시간을 공유하게 되는 것은 좋겠지만, 그게 무한정 지속되는 것은 아니기 때문이다.

친구에게 묻기 전에 나는 어떻게든 내 나름대로, 내 방식대로 개념을 정리하고 문제를 푸는 것이 중요하고 필요하다. 그게 정답이 아니어도 좋다.

만약 수학이라면 자신이 답을 도출하기까지의 일련의 과정들을 쭉 써놓고, 어디서 어떤 과정이 틀어졌는지에 대해 친구에게 물을 수 있다. 그럼 친구는 쉽게 내가 원하는 걸 파악하고 그 공식의 원리를 알려줄 수 있을 것이다. 또 영어라면 되는 데까지 열심히 해석을 해보자. 그러다 안 되면 친구에게 왜 이 부분의 해석이 잘 안되는지 도움을 요청할 수 있다.

그리고 여기서 잠깐, 우리나라 교육현실의 한 단면을 살펴보기로 하자.

우리 사회의 밑바탕에는 학벌주의와 서열주의가 깔려있다. 그래서인지 대부분의 학생들이'1등이 되고 싶다.'라는 욕구를 적어도 한번쯤은 가지게 될 수밖에 없는 것이 교육현실이다. 이런 사회적 분위기는 불공정한 경쟁의식을 양산하고, 교육 환경을 도리어 척박하게 만드는 경향이 있다.

한 예로, 수능을 포함하여 각종 입시 전형에 대비한 개인교습비와 학원비가 말도 안 되는 가격으로 성행하는 것을 보면 더욱 실감할 수 있다.

대학 등록금이 너무 비싸서 전국적으로 대학생들이 등록금 인하 요구를 하는 실정인데, 요즘 사교육비는 그것과도 거의 맞먹는 수준으로 치달았다.

반면 학부모님들의 입장에서는 큰 반발 없이 그 대가를 지불한다. 사교육을 줄이거나 저렴한 사교육을 하면, 큰 문제라도 생길 듯 마음이 불안하기 때문이다.

인성교육은 둘째로 치더라도 우선은 고비용. 저효율문제가 첫 번째이고, 다음으로 큰 문제는 주입식 두뇌가 된다는 것이다. 그 이유는 상식적으로 생각해보면 간단하다.

가르치는 입장에서 대가를 받는 만큼, 그에 상응하는 '실력향상'을 보여야 한다는 일종의 중압감이 있다. 더군다나 우리 사회의 특성상 '빨리'를 요구한다.

학생의 성적이 빨리 오르지 않으면 대가를 지불하는 입장에서는 신뢰를 하지 못하는 것이다. 그래서 표면적이지만, 단기간에 점수가 오르는 효과를 보이는 문제풀이 방법을 학생에게 꾸역꾸역 주입시키는 방법을 선호한다.

또 때에 따라 체벌을 가하면서까지 암기를 시키곤 한다. 그러나 이 주입식 교육방법은 장기 코스에 취약하다. 마라톤 코스에 오르막, 내리막과 커브길이 있다고 하면, 주입식 교육은 그냥 '앞만 보고 빨리 뛰기'를 가르치는 것이다.

그 교육의 결과는 '경기 코스의 이탈'로 나타난다. 초반에 있을 직선코스에서는 강세를 보일지라도, 예상치 못한 곡선이나 오르막 길,내리막길에서는 본인만의 공부하는 동기, 목표, 흥미가 약하거나 부족하기에 지쳐서 그냥 주저 앉아버리는 경우가 생긴다.

다음 문제점은 자율성의 상실이다. 교육의 목적은 물고기를 잡는 방법을 가르쳐주는 것에 비유할 수 있다.

그러나 위에서 제시하였듯이 급한 마음에 물고기를 직접 잡아주게 된다.

마치 그것이 고기잡이의 전부이듯이. 가르치는 사람은 물의 유속과 온도를 가늠하여 어느 위치에 미끼를 던져야 할지 미리 예측하고 짐작한다. 그리고 입질이 왔을 때 어떻게 끌어당길지 상황 대처능력도 가지고 있다.

반면 학생은 단지 미끼를 대충 어떤 위치에 던지고, 낚싯대가 흔들리면 세차게 끌어올리면 된다고 생각한다. 그렇게 해서 다른 이가 잡은 월척을 보고는 마치 자신의 수확인양 자신감을 갖는다. 그렇지만 그 자신감으로 혼자 낚시에 나섰을 때는 많은 변수로 인해 뜻대로 되지 않는다. 스스로가 터득한 노하우와 경험이 부족하기 때문이다.

그렇다면 앞에서 제시한 세 가지 문제점에 대한 해결책은 없을까?

각 가정과 학교, 학원, 교육당국, 사회구성원 모두가 이 문제에 대해 머리를 맞대고, 가슴을 열어 진실한 대화를 나누어야 하는 게 아닐까?

공부의 목표는 사람의 도리를 배우는 것

고등학교를 졸업하고, 대학에 진학하는 과정에 이르기까지 뿌듯하게 한 일이 무엇이 있을까.

서울대에 입학한 것?

물론 자랑스럽고 항상 감사하게 생각한다.

하지만 더 소중한 소득을 올렸다고 생각하는 건 그 바깥에 있다. 몇 년 동안 답답하다고 생각할 수 있는 학교라는 공간에서 나는 무엇을 배운 것일까.

표면적으로 내비치는 공부라는 것 외에도, 사회생활과 인성이란 것을 배운 것이다.

사람의 도리를 깨우치는 것도 하나의 큰 공부가 아닐까.

어딜 가도 환영받을 수 있는 사람다운 인간미를 갖추도록 하는 일을 말하는 것이다.

나 역시도 정작 무엇이 중요한 건지 모르고, 멋대로 행동하는 일이 많았던 것 같다.

'남들이 해보지 못한 걸 계속 시도하고, 개성을 뽐내는 행위를 자꾸 해야만 나 자신이 발전하겠지?'

'내 주장을 꽁꽁 싸매봤자 소용이 없으니까, 그걸 최대한 표현하는 것이 중요하겠지?'

은연중에 이런 생각을 했기 때문인 것 같다.

자기 자신만의 특유한 기질, 개성. 물론 중요하다. 하지만 그 개성이 다른 사람에게 상처를 주거나, 피해를 준다면 어떨까.

나의 짧은 판단과 이기심으로 인해 타인의 마음을 상하게 하고, 도덕적으로 부끄러운 행동을 한 적이 적지 않게 있었고, 또 그것을 바로잡게 된 몇 가지 경험이 있다.

그 중에서 한 가지 이야기를 해보겠다.

고교시절, 시험이란 끊임없는 스트레스에 시달리면서도 즐거운 마음으로 공부 하고자 했다. 하지만 성적이 기대만큼 나왔다해서 늘 그 결과에 만족하고, 좋은 기억만 있었던 것도 아니다.

또 항상 이런 질문을 던지곤 한다.

'앞으로의 결과가 어떻게 나올까?'

가끔 예상하지 못한 좋지 않은 결과를 맞이할 때에는 그 어느 때보다 가슴이 철렁했다. 그리고 중요한 시험일수록 그 좌절감은 깊어만 간다. 그렇게 지나간 것에 대한 미련과 슬픔이 발목을 붙잡곤 한다.

"선생님께서 채점 기준이란 걸 그렇게 정하셨어도, 분명 이렇게 생각해서 답을 낼 여지가 충분히 있잖아요.", "저만의 생각이 아니라 이렇게 푼 친구들도 몇 명이나 있는데."

"아, 알겠습니다."

때는 3학년 1학기, 문학시험을 마치고 복도 벽에 갓 붙은 서술형의 모범답안을 확인하러 나갔다. 채점기준이 정해져 있었는데, 그 중에서 눈에 확 띄는 것이 있었다. 각 문항에 대해 어떤 하나의 답만이 점수로 인정된다고 쓰여 있었다.

답안지에 작성해 낸 나의 답변과 채점기준표의 답은 달랐다. 그런데 곰곰이 생각해보았을 때, 그 문제에 대해서 여러 답변의 여지가 있어보였다. 물론 모범답안도 맞거니와, 내 답안도 맞아 보였다. 그래서 담당선생님을 만나러 교무실에 내려갔다.

이 답안도 정답이 될 수 있느냐고 선생님께 여쭈어 보았다.

선생님의 대답은 "안 된다."였다. 종례를 하러 교실로 되돌아오는 길, 마음이 정말 착잡했다. 당시에 서울대 지역균형선발전형을 준비하면서, 한 과목의 등급 하나 차이가 크게는 합격, 불합격을 좌우한다는 것을 생각해서이다.

교실에서 종례를 끝내자, 반 친구들은 스르르 집으로 돌아갔다. 하지만 나는 발걸음이 떨어지지 않았다. 뭔가 주체할 수 없는 분노가 밀려들었다.

다시 담당선생님께 가서 하소연을 해도 안 될 노릇이었다.

"아! 진짜 이 과목 때문에 떨어지면 어떡해!!"복도전체가 울리도록 소리치며 애꿎은 내 책상에 주먹과 발로 분풀이를 했다.

사실 이 과목은 전부터 한이 맺힐 대로 맺혔다. 이렇게 된 것은 이번이 처음이 아니었다. 일반적으로 국어는 수학처럼 딱딱 맞아떨어지는 결론보다는, 여러 가지 답을 만들어낼 수 있는 과목이었다.

반면에 우리학교 국어교과는 암기를 상당히 요구하는 편이었다. 기본개념은 암기를 하되, 원리를 이해하고 응용하는 것을 중시했던 내겐 익숙하지 않았다. 그래서 문제는 그 과목의 성취수준을 평가하기에 적합하게 내야한다는 나의 소신과 충돌한 것이다. 이런 평가방식에 불만이 많았다가, 쌓이고 쌓인 분노가 결국 그 날 폭발한 것이다.

지금 생각하면 스스로에게 참 부끄러움을 느낀다.

당연히 평가는 선생님이 하는 건데, 왜 그 방식에 불만을 가졌는지. 내 딴에는 정의로움이라고 생각했지만, 아무리 내 주장이 맞다 해도 큰 의미에서 원칙을 바꾸기란 힘든 일이니까. 그리고 나 하나가 문제를 삼은 것이 받아들여졌을 때 다른 친구들에게 혼란이 갈 것을 생각하면 더욱 더 그렇다.

당시 우리 반 담임선생님이셨던 문무현 선생님이, 교실 창문 너머로 그런 내 모습을 보았다. 복도 끝에 그 선생님이 계신 교무실이 있었는데, 내 고함소리가 복도 끝에서도 '쨰랭쨰랭'하고 울려대니까. 무슨 일이 있나 하고 교실 앞으로 직접 찾아오신 것이다. 잠깐 지켜보시다가 교실 안으로 들어오시더니, 내 팔목을 잡고 교무실로 질질 끌고 가셨다. 그곳에서 자초지종을 말씀 드리면서, 아직 풀리지 않은 화 때문에 교무실에서도 좀 소란스럽게 했다. 중학교 때 한참 게임한다고 생떼를 쓰던 그런 모습이 잠깐 바깥으로 튀어나와 버린 것이다. 그로인해 졸지에 담임선생님을 화나게 했고, 문제가 더 커진 것이다.

시간이 지나고, 조금 진정이 되자 진지한 면담이 시작됐다.

그 때 담임선생님께서 하신 말씀 중 몇 마디가 아직도 기억에 남아 생생하다.

"사람이 살면서, 화를 내야 할 때가 있고, 화를 내지 말아야 할 때가 있는 것이야."

"네가 그런 상황에서 무조건 화내고, 악쓰고 한다고 상황이 더 나아질 것 같아?"

"지금 학교라는 울타리 안이라서 그렇다 치자. 그럼 나중에 사회에 나가서, 이런 행동을 한다면 누가 받아주고 이해해줄 것 같아?"

"네 인생에서 진정 중요한 게, 지금 당장 시험점수 몇 점이 감점되어 명문대에 가지 못하는 것인지. 아니면 이 일로부터 몇 가지 인생의 교훈을 얻어가는 것인지. 잘 생각해봐."

그 때 이런 생각이 들었다.

'내가 그깟 공부 좀 잘한다고 학교에서 칭찬받고, 집에서 대우받고 하니까 나도 모르게 잠시 눈이 멀었구나.'

'그렇지, 점수 몇 점이 잘 나오는 게 무슨 소용이겠어, 사람다운 사람이 되어야지.'

소중한 가르침을 받고나서, 억울함으로 벌개졌던 눈시울이 반짝거리기 시작했다.

과거의 나, 현재의 나. 모두 완벽한 인성을 갖추었다고 할 수

없기에, 이런 말을 할 자격이 있을지는 모르겠지만,

그것을 최우선 과제로 삼고 노력하려는 사람으로서, 이 이야기를 꼭 한 번쯤 하고 싶었다. 선생님의 올바르신 가르침에 새삼 감사드립니다. 문무현 선생님! 고맙습니다.

효도가 따로 있나요
제 2011-1062 호
국가장학생 장학증서
서울대학교 김 동 환
위 학생은 이공계 분야의 장래가 촉망되는 우수인재로서 우리나라 국가발전에 이바지 할 것으로 기대 되기에 국가장학생으로 선발하여 이 장학증서를 수여합니다.
2011년 6월 20일
교육과학기술부장관
한국장학재단 이사장

주요 과목별 공략법

공부를 왜 해야 하는가? 또 그것으로부터 무엇을, 어떻게 해야 하는가?

몇 년 전까지 게임에 심각하게 중독되었던 것처럼, 고등학교 생활을 하며 공부에 중독이 되어 있었다. 여기서 중독의 의미는, '잠시라도 그것을 하지 않으면, 불안하고 초조해지는 그런 상태'를 뜻한다. 식사를 할 땐 단어장을 왼손에 들고선 달달 외우며 오른손으로 밥을 떠먹었고, 혹은 수학문제 하나를 외워놓고선 머릿속으로 다양한 풀이를 구상해보곤 했다. 밥을 먹을 때 아무런 생각도 하지 않는 것에 대해 시간이 아까웠기 때문이었다. 그래서 집에서도 학교에서도 이렇게 공부를 했었다.

그 모습을 보는 친구들은 처음엔 "쟤 미쳤나.", "너 왜이러니", "뭔가 이상하다."라는 반응을 보였다. 그렇게 몇 개월이 지나고 익숙해져서인지 이젠 식사 때 공부할 것을 들고 가지는 않았다.

대신에 머릿속에 무언가 생각할 여지를 만들어 놓고 골똘히 생각해보는 습관으로 바꾸었다. 그러면서도 친구들과 떠들며 밥도 잘 먹었다. 그리고 운동 같은 일상적인 일에도 이것은 계속되었다. 평상시에 축구처럼 활동적인 스포츠를 좋아해서 하루에 꾸준히 1시간씩 하곤 했는데, 이때에도 한 손에 공부 할 것을 들고 다니며 했다.

이렇게 "단어외우면서 축구 하는 놈", "수학문제 풀면서 걸어다니는 놈", "공부하면서 급식 먹는 놈"같은 수식어가 늘 따라다녔다.

내가 이렇게 단 한 가지에 목을 매었던 이유는 단순했다.

바로 그것이 즐겁기 때문이다.

흥미는 자율성을 낳고, 자율성은 꾸준함을 낳는다.

이것이 심해지면 중독이라 표현하는 것이다. 많은 사람들이 무언가에 푹 빠질 때의 과정을 생각하면 더 쉽다.

공부하는 것을 힘들게 만드는 요소는 흥미와 정반대의 것이라 할 수 있다.

크게 두 가지로 생각해볼 수 있는데,

1. 자기 내면의 문제, 즉 마음가짐에 대한 것.
2. 각 과목을 공부하는 방법에 대한 대략적인 이해가 부족한 것이 있다.

이제 이 두 가지 요소에 대해 어떻게 대처했는지에 대해 이야기 하고자 한다.

학습법 부분에서는 크게 언어, 외국어, 수리영역의 순서로 장을 구성하였고, 각 장마다 방금 언급한 1,2번을 다룰 것이다.

그것에 앞서, 공부를 조리 있게 할 수 있는 기본적인 태도나 생각을 몇 가지 제시하고 넘어가겠다.

$1 \times 3 > 3 \times 1$

$1 + 2 + 3 \neq 1 \times 2 \times 3$

자연현상에서든, 사회현상에서든 우리는 종종 수학적으로는 설명하기 힘든 식이 성립하는 경우를 접하곤 한다. 한 가지 간단한 예를 들겠다.

잠시, 자기 자신이 태어나기 직전의 순간으로 돌아가 생각해 보자.

장소는 어머니의 수란관 상단부분이다. 그리고 수 억분의 일의 경쟁률을 뚫은 단 하나의 정자가, 비로소 난자와 만나는 바로 그 순간에 일어난 일이다.

정말 경이로운 순간이다. 하지만, 그 장면 속에서 어떤 상식 밖의 식을 마주치게 된다.

$$1 = (1)+(1) = (1+1) + (1+1) = (1+1+1+1) + (1+1+1+1) = \cdots\cdots$$

위 식은 수정란의 '체세포분열 현상'으로부터 얻어낸 수학적 결론이다.

하나의 수정란이 시간의 흐름에 따라 점점 반으로…, 또 반으로… 쪼개진다.

사실, 이런 파격적인 결론은 '세포의 개수'라는 기준으로 이 현상을 바라볼 때 나타나는 것이다. 반면에, 이 현상을 '세포의 질량'이라는 또 다른 기준으로 관찰한다면 어떻게 될까?

'1 = 1 = 1 = 1 = ……' 이라는 식을 얻는다. 좀 더 쉬운 비유로, 피자 한 판을 조각조각으로 잘라놓아도 전체 피자의 양은 그대로인 것처럼.

이와 같이, 사물이나 현상은 어떤 특정한 시각으로 해석하는가에 따라, 천차만별의 결론을 내릴 수 있다. 이 이야기로부터 다양한 시각의 중요성을 강조하고 싶다.

한 가지 방식으로만 생각해서 얻는 결론에는 큰 의미가 없다는 말이다.

이 사례를 들은 더 결정적인 목적은 따로 있다.

학습의 시각에서 어떤 현상을 바라볼 때, 기존의 틀을 깨는 새로운 결론을 얻어 교훈을 주고 싶었기 때문이다.

이제 본격적으로 첫 번째 식으로 들어 가보자.

'$1 \times 3 = 3 \times 1$'이라는 등식은 초등학교 때부터 한번쯤은 배우는 내용으로써, '자연수는 교환법칙이 성립한다.'는 사실로부터 성립하는 식이다. 하지만 공부의 관점에서는, 이것과 다른 시각으로 바라볼 수 있다.

$1 \times 3 \rangle 3 \times 1$이다.

과거에 '공신'이라는 프로그램에서 어떤 멘토가 언급한 내용으로부터 인용한 것이다.

이 식은 '한 문제를 세 번 보는 것이, 세 문제를 한 번씩 보는 것보다 더 효과적이다.'라는 깊은 의미를 지닌다.

대부분의 학생들은 문제를 많이, 그리고 빨리 푸는 것에 익숙하다. 물론, 최대한 많은 문제를 접해보아 경험을 쌓을 수 있다는 장점도 있다.

그러나 치명적인 단점을 덮어버리기엔 역부족이라고 생각한다. 문제를 빨리 풀 경우, 그 속에 '숨겨진 의미'를 발견하기가 굉장히 힘들다.

표면적인 의미만을 파악하였음에도 불구하고, 단지 문제를 맞추었다는 사실에 만족하고 넘어가는 것이다. 특히나 수학문제의 경우, 그렇게 단순한 계산과 암기의 평가로 쓰임새가 변질되어버린다. 하지만 문제는 생각의 물꼬를 트는 펌프와도 같다.

하나의 문제라도 일정 시간동안의 간격을 두고 여러 번 본다거나, 문제 하나하나에 오랜 시간을 투자해보자. 그러면 문제에서 제시할 수 있는 표면적인 의미이외에, 색다른 의미를 발견할 수 있을 것이다. 최대한의 다양한 사고, 그리고 창의력을 이용한 공부 방법이 좋다는 말을 자주 들어 잘 알고 있을 것이다.

이 말을 당장 실현 시켜주는 것이 바로 이 공부 방법이다!

조금 덧붙여서 말하자면, 우리 인간은 기계가 아니다. 한 가지 방법만으로 문제에 접근하라고 강요받을 필요는 없는 것이다. 하지만 주입식속성 사교육과 성과위주의 교육현실에서 입시가 모든 것에 최우선으로 중요시 된다.

인간고유의 사유능력인 사고력과 창의성이 무시 된 체, 피교육자인 학생은 자연스럽게 공부에 흥미를 잃게 되는 악순환의 굴레가 지속되는 것이다.

먼저 머리를 써서 공부를 해라. 처음에는 머리를 써서 공부를 하는 것이 익숙하지 못해 고통스러울 수도 있다. 하지만 꾸준히 계속 노력하여 익숙해지기만 한다면, 어느 순간부터는 공부가 너무 재미있어진다!

$1 + 2 + 3 \neq 1 \times 2 \times 3$이다.

사실, 좌변과 우변의 계산결과는 모두 6으로 같은 것이 정상이다.

하지만 이 둘은 서로 다른 의미를 가지고 있다. 그래서 부등호 기호를 집어넣었다.

그 결정적인 차이점은 바로, 계산부호가 '+'이냐 '×'이냐에 달려있다.

여기서, 1을 0으로 한번 바꿔서 생각해보자.
그러면 결과는 어떻게 될까?
한 쪽은 0 + 2 + 3 = 5이고, 다른 한 쪽은 0 × 2 × 3 = 0이 된다.

공부는 곱하기를 하는 과정과 유사하다.
기초부분인 '1'이 조금만 흔들려도, '2와 3'의 의미는 무색해지는 것이다.
곱하기가 아니라 더하기의 시각으로 학습의 결과를 해석하려한다면, '1'보다는 '2와 3'을 따내는 것에 자연스럽게 욕심을 낼 것이다. 하지만 공부는 그렇지 않다는 것이다.
따라서 자신의 수준과 단계에 맞는 선에서 기본개념들을 충실히 익혀야한다.

또 다른 시사점은, 실력을 단계별로 쌓아가는 것이 처음에는 위력적이지 않게 보이지만, 점점 그 효과가 빛을 발한다는 것이다. 1 + 2와 1 × 2 만 비교해보아도 그렇다.

단계별 기초를 무시한 채, 문제를 익혀 답을 맞히기에 급급한 '더하기 식'의 공부는 처음엔 화려해 보인다. 하지만 '3'을 공부할 때 그 둘은 6으로 같은 결과가 나오더니, 어느덧 '4'로 접어들면 10과 24로 부쩍 차이가 늘어난다.

탑을 아래부터 쌓듯이 천천히 쌓아 올려 튼튼한 결과를 얻어내겠는가?

아니면, 기반이 흔들려 어쩔 수 없는 한계에 봉착하겠는가?

너무 급하게 생각하지 말고, 부족한 기초부분이 어디인지 확인하고 그곳을 탄탄히 다져나가며 공부해보자.

공부에 생각을 담아라

국어 공략법

2009년 09월 27일. 고등학교 2학년, 2학기 중간고사 도중. '문학'과목에서 왕창 실수를 하고 나왔다. 진짜 엄청 열심히 했는데, 억울하고도 섭섭한 마음에 개인홈페이지에 이런 글을 적어 놓았다.

국어 공부는 왜하는지 모르겠다.

말만 제대로 할 줄 알면 되는 것 아닌가?

이 글에 친구들이 이런 댓글을 달며 우르르 몰려왔다.

박진용 : 너는 말을 잘못하니까 배워야 함. 하 앙~

김한결 : 수학공부는 왜하는지 모르겠다. 돈 계산만 잘 할 줄 알면 되는 것 아닌가?
외국어공부는 왜하는지 모르겠다. 한국에만 있으면 되는 것 아닌가?
사탐공부는 왜하는지 모르겠다. 싸우지 않고 원만한 사회생활만 하면 되는 것 아닌가?

김준일 : 언어시험을 왜보는지 모르겠다. 난 한국인인데 왜 점수가 그 모양이지.

박준현 : 애들이 언어공부를 진짜로 하는구나. 소문인줄 알았네.

내 나름대로 동기부여를 하면서 공부를 해왔고, 그것이 나를 이끌어주는 좋은 원동력이 되었다. 이 글은 심심풀이로 올린 것인데, 보고 다시 생각해보니 많은 친구들이 동기부여가 되어있지 않음을 심상치 않게 느꼈다. 그래서 이것에 대한 이야기가 많은 친구들에게 필요할 것 같다. 사실 동기부여 작업은 스스로 절실히 느껴서 하는 것이 최고다. 내 이야기로부터 힌트를 얻고, 또 실천하는 용기를 불끈 낼 수 있기를 기대한다.

최근 들어 자주, '우리는 21C는 글로벌시대에 산다. 고로 영어를 열심히 해야 한다.'라는 말이 마치 범국가적인 구호motto인 마냥 주위를 감싸 돌고 있다. 그래서인지 더 소홀해질 수 있는 것이 '우리 고유의 한글'이다.

구체적으로 두 가지 안타까운 상황이 있다.

먼저, 인터넷부터 스마트폰까지 급속히 보급되는 현 세대에서 굉장히 빠른 변종어(?)와 외래어의 생성과 전파에 우리가 노출되고 있다는 것이다. 과거에 비해 상대적으로 교육의 수준이 높아졌음에도 불구하고, 이런 연유로 어법을 파괴한 채 우리말을 사용하는 사례가 끊이질 않고 있다.

다음으로, 기하급수적으로 늘어난 정보매체들 속에서 그것들을 표절하고, 모으는 것에 치중하게 됨에 따라 자신만의 생각을, 자신만의 언어로 표현하는 창의성이 점점 더 줄고 있다는 것이다. 그래서 진지하게 일련의 정보를 깊이 있게 정독하거나, 사고의 논리를 글 또는 말로 표현하는 능력의 부족이 우리의 현실이라는 것이다.

하지만 연륜이 풍부한 여러 명사들의 강연을 들어보았을 때, 하나같이 강조하는 부분에 '우리말을 잘 쓰는 능력'이 빠지지 않았다. 단순히 어법의 정확성을 지키는 형식적 부분에서부터, 다양한 분야의 사람들과 의사소통을 할 수 있는 글쓰기, 말하기

능력에 대한 것까지, 모두 우리 세대가 각자 키워 나가야 할 기본적인 능력이라는 것이다.

앞으로는 매체에서 정보 수집을 통한 글쓰기와 말하기에도 전문성과 창의성면에서 분명히 한계가 드러날 것이다. 결국 힘의 주된 원천은 자신으로부터 오는 것이기 때문에 천천히 그 기본을 쌓아가야 한다고 이해할 필요가 있다.

조금 더 쉽게 풀어보면, 당시에 공부하고 있던 국어 교과과정에 대해 다음과 같이 적용을 시켜서 동기부여를 했다.

먼저, 어법과 어휘부분은 한글을 사용하는 사람들 간에 습관적으로 약속한 일종의 규칙이다. 그래서 이것을 익힘으로써 일상생활 속에서 언어사용에 혼란이 일어나는 것을 방지하는 효과를 얻는다. 특히 어법과 어휘부분의 시야가 넓을 경우, 작은 문장단위에서 표현력을 더 부각시키기 위한 노력을 수월하게 할 수 있다.

다음으로는 비문학영역에 대한 것인데, 주로 설명문이나 논설문으로 분류한다.

전체적으로 다루는 주제는, 필자의 글 구성 방식이나 사용한 어투와 단어들을 이해하기이다. 논설문에 대해 조금 더 구체적으로 이야기해보겠다.

이 형식의 글을 쓰는 목적은, 필자의 주장을 역설하는 것이다. 그 핵심주장은 전체 글의 앞부분에 나올 수도 있고, 뒷부분에 나올 수도 있다. 물론 그 주장이 여러 가지일수도 있다. (1문단 1요지가 기본사항이므로, 하나의 글이 5개의 문단으로 구성되어있을 경우, 최대 5개의 주장이 나올 수도 있다는 의미이다.) 글의 목적상 독자를 설득시키는 것이므로, 그에 합당한 근거도 필요하다.

근거를 제시하는 방법으로써는 예시, 대조, 비유, 인과와 같은 것들이 있다. 이런 대단위의 글의 구성을 파악하는 것은 숲을 보는 시각과도 같은 것이다.

다른 한편으로, 문장과 문장사이의 연결고리, 단어선택, 문법과 같은 국소적인 부분을 파악하는 것은 숲속의 작은 나무들을 보는 시각과 같다.

글의 구조를 이해하면서 앞으로 그런 형식의 글을 효과적으로 읽고, 또한 직접 쓸 수 있기까지의 과정을 위한 발걸음을 밟고 있는 것이다.

문학영역은 사실이나 주장을 전달하는 앞의 글과는 조금 달리 생각했다.

1. 소설은 가치관이나 주장을 허구성을 가미시킨 일련의 이야기로 풀어 내어 더욱 예술적이고 효과적으로 전달하는 것이다.
2. 시는 위에서 진술한 소설과 유사하다. 단, 그에 비해 더욱 함축적이고 암시적인 문장 구성을 통해 몰입과 인상의 효과를 극대화하는 방식이다.
3. 수필은 설명문과 논설문과 비슷한 경향이 일부 있지만, 대부분 필자의 경험을 토대로 한 메시지를 전달한다. 대표적인 예로는 일기가 있다.

이처럼 문학영역에서는 대체로 어떤 '대리물(가상의 대상)', '가상의 사건'을 만들어 냄으로써 다양한 형태로 메시지를 전달하는 방법을 배운다. 그래서 비문학영역에서는 쉽게 얻을 수 없는 감수성과 상상력, 창의력을 키워낼 수 있다.

직접 여러 작가가 쓴 비문학지문, 문학지문들을 공부하며, '이런 문장구성법, 표현법도 있고 저런 것도 있구나.'하는 깨달음을 얻는다. 그렇게 함으로써, 자신의 생각을 전달하는 방식의 다양성을 습득할 수 있다.

방금 전에 정리한 내용을 보면, 대부분의 글이 몇 가지 유형으로 분류되는 것을 알 수 있다. 그 이유는 그것들이 효과적인 전달법의 대표 주자들이기 때문이라고 생각한다. 그럼 그 똑같은 유형에만 매달리면, 창의성은 발휘되지 않는 것 아니냐?라는 반문이 들어 올수도 있다. 하지만, 언어표현의 창의성란 아주 특별한 것이 아니라, 기존의 표현법을 어떻게 적재적소에 배치하는가에 대한 것도 포함될 수 있다고 생각한다. 또 바로 그것이 애플사의 CEO 스티브잡스의 기본사상이 아니었던가.

고향 말이 아닐 뿐, 불가능은 없다

영어 공략법

바로 앞에서 언급했듯이, 우리는 대체로 영어의 중요성을 귀에 닳도록 들어온 세대이기 때문에 그 필요성은 절감하고 있다. 그러나 특별히 필요성을 많이 느끼는 것에 비해, 그 뜻대로 학습하기가 쉽지 않은 점이 문제다.

영어는 국어와 같이 '언어'라는 점에서 다루는 부분이 거의 유사하다. 다만 언어의 생김새와 문법적인 약속이 다르게 되어있을 뿐이다. 따라서 이런 차이점은 잘 숙지한 후에 영문을 국문으로 1:1 대응시키면서 공부를 하는 것이다.

구체적으로 말하자면, 1. 언어의 생김새, 즉 단어는 지속적으로 외워서 다져야 하는 필수적인 부분이다. 매일 거르지 않고 꾸준하게 해야 나중의 부담이 덜하고, 또 그것이 암기라는 효과면에서 더 좋을 것이다. 그렇다면, '대체 어떤 단어를 외워야 하나?'라는 의문이 들 수 있다. 이런 부분은 별 문제가 없다.

준비하는 시험이나 학년과 같은 수준별로, 또는 디자인, 구성과 같은 스타일별로 단어집이 출간되어 있으니 취사선택하면 된다. 꾸준함이 생명인 단어공부이지만, 정말 지루하기 짝이 없을 수 있다. 그래도 긍정적 마음으로, 새로운 단어를 알아감으로써 새로운 표현을 할 수 있다는 즐거움을 상기하자. 그런 의미에서 나는 구체적인 단어쓰임새를 보여주는 예문이 있는 단어장을 선호했다.

워낙 중요한 부분이므로 단어공부법을 정리하자면,

1. 꾸준함이 생명이다. 매일 빠져서는 안 될 스케줄 중 하나로 시간할애를 계획하자.
   잊고 넘어가지 않도록. 모든 사람들이 그러듯이, 한 번 넘어가고 미루게 되면 그것이 끝도 없이 이어지는 경우가 많기 때문이다.

2. 반복의 반복을 거듭한다. 그러나 그 반복의 주기 설정을 잘 해야 효과의 극대화를 누릴 수 있다. 사람마다 암기력이 다르므로 몇 시간 내로 보라는 단정을 할 수는 없지만, 까먹을까봐 걱정이 되면 다시 본다.

혹은 어떤 과목을 실컷 보다가 그 지루함을 잠깐 식힐 타이밍에 다시 본다. 주로 학교 수업 중간에 중간 끼어있는 점심, 저녁, 쉬는 시간에 틈이 나면 보았다.

3. 열심히 외운 것에 대한 평가가 객관적으로 이루어져야 한다.

열심히 외우고선, 이것을 잊었는지 기억하는지를 자주 스스로가 진단한다.

나는 암기도 할 겸 단어장을 만들었는데, 영어만 나열해서 작성해 놓았다.

직접 영어를 쓰는 과정에서 한글 뜻도 같이 되뇌었다. 되도록 주변신경이 안 쓰이면 중얼거리는 것도 함께 했다. 그렇게 작성한지 몇 시간 후부터, 영어로만 된 단어장을 평가용으로 사용하기 시작한다.

평가방법은 머릿속으로 한글을 떠올려보는 것이다. 만약 안 떠오르면 직접 사전을 찾는다. 가끔은 귀찮다고 여길 수도 있겠지만, 스스로 사전을 찾는 과정자체는 그 단어에 대한 각인을 돕는 효과가 있어서 유용했다.

4. 단어의 수준을 더 깊게 하기위해, 유의어정리를 한다.

그렇게 공부하면서, 멀게만 느껴졌던 영어도 마치 한글에 친숙하듯이 가까운 존재로 다가왔다.

영어와 한국어에서 중요한 차이점 – 위의 서술내용에 근거가 될 수 있어서 활용한다.

1. 사상적인 차이로부터 기인한다. 문화적인 차이. 문화와 언어는 밀접한 관련을 맺는다. 대표적으로 두괄식을 선호하는 서양적 단락구성방식과 미괄식을 선호하는 우리나라의 방식간의 차이.
2. 한 문장을 구성할 때, 길이가 긴 구성요소는 뒤로 빼려는 경향.
3. 영어만의 특별한 어감을 갖는다. (흔히, 국어를 배울 때 어떠어떠한 표현은 영어식이므로 자제해야 한다는 내용으로 등장하곤 한다.)
4. 생략이 비교적 많다.
5. 대화할 때 완곡어법을 별로 쓰지 않는다.

수학의 처음과 끝은 개념정리다

수학 공략법

물론 수학도 앞서 국어, 영어에서 말한 것처럼 필요성을 근거로 동기를 부여 할 수 있다. 그러나 어떤 개념을 배워 문제에 적용시켜서 동그라미표를 치는 맛으로 수학에 매료되었다. 기껏해야 언어는 글을 이해하고, 그것을 객관식이든 주관식이든 확인 차 문제를 풀 수 있긴 하지만, 딱 하나의 답으로 떨어지는 명확성이 좀 부족했다.

'서술형문제에 딱히 모범답안은 없다.'라는 사실이 참으로 불편했다. 그래서 처음에는 국어와 영어를 그리 즐기지 못했고, 성적도 그에 따라 그다지 좋지 못했다. 그렇게 딱 부러지게 결과가 맞다, 틀리다로 즉각 나오는 수학에 이끌렸다. 그러나 이런 매력만으로는 흥미와 동기를 지속시킬 수 없었다.

학년이 올라갈수록 개념이 복잡해졌고 그에 따른 통합적인 사고력이 필요했기 때문이다. 더 구체적으로 말하면, '내신과 수능'의 난이도 차이 때문이다.

중학교 때의 얕은 수준에서는 다양한 개념이 잡혀있지 않은 상태이므로 통합형 문제가 없었다. 그러나 고등학교에 진학하여 수학의 꽃이라 불리는 '미적분', '벡터', '확률'과 같은 개념을 다루면서 어려운 문제들이 속속 나타나기 시작했다. 그것들의 집합체가 바로 수능형의 문제들이다. 그래서 쉽게 맞추기만 하던 수학문제도 점점 동그라미 치는 재미가 사라졌다.

여태껏 1개념 1문제로 1:1대응식의 문제를 풀면서 성취감에 도취되었지만, 고등학교에 와선 결국 이것이 나태함과 같음을 절실히 느끼게 된 것이다. 이렇게 흥미를 잃어만 갔다. "나는 수학을 왜하지?"라는 목적의식조차도 차차 흐려만 갔다. 그렇게 꽤나 방황하던 중, 수학의 학문적 의의와 용도에 대해 생각해보기 시작했다.

수학의 오랜 역사를 거슬러 지금의 개념들이 발전되는 것을 추적하며 "어떻게 이 상황에서 저런 생각으로 발전 시켰을까?"

, "내가 저 시대에 태어났으면, 저 생각을 할 수 있었을까?"하는 식으로 나를 대입 시켜보았다.

학자들에게 닥쳐오는 문제들에 대하여 그들의 천재성으로 해결하는 과정은 신비로움 그 자체였다. 그렇게 그 개념의 필요성에 대해 깊이 있게 느꼈다. 여기서 '이 시대에 존재하는 대부분의 발명은 필요성에 의해 이루어졌다.'라는 유명한 말을, 다시 한 번 떠올려본다.

수학은 이공계학생들이 과학과 공학을 하는데 있어서 필수적이다. 기본적으로 그것들은 수학이라는 언어와 사상에 바탕을 둔 학문이기 때문이다. 그래서 문과학생들 입장에선 수학에 관심과 흥미가 적은 것은 당연하다.

여러 통계자료만 봐도 "수학기피증이 있어서 문과를 선택했다."는 학생들이 심심찮게 많다. 바로 위에서'순수 학문적인 수학'추구에 대해 장황하게 떠들었다. 아마도 이에 대해, 굳이 그렇게까지 할 필요가 있나하고 의문이 들 것이다.

단지 강조하고 싶은 말은 '모든 초, 중, 고등학생들이 수학을 배우는 이유 중 하나는 깊은 사고과정과 정확한 논리를 수학이라는 튼튼한 체계의 학문으로부터 배우기 위함이다.'라는 말이다. 이것으로부터 수학에 대해 조금 더 열린 마음으로 받아들이고, 동기도 가졌으면 하는 바람이다.

수학의 시작과 끝은 단연 개념정리이다. 크게 2가지 단계로 수학에 접근하였다.

1. 기본개념을 익힌 후, 그것에 대응하는 간단한 계산을 수행하는 단계.
2. 개념을 더욱 다양한 시각에서 바라보는 단계. 심화개념 학습단계라 부르기도 한다.

이 단계들은 마치 하나의 탄탄한 탑을 쌓는 과정과 같다.
즉, 첫 번째가 제대로 안되었다면, 두 번째를 수행할 수 없다.
본격적으로 첫 번째 단계를 이야기하겠다. 이 단계는 실력이 좋아지면 별게 아닌 듯 여겨지겠지만, 사실 처음이란 것은 가장 막연하고 두렵기 마련이다. 특히 수학적인 의미를 확실히 모른 채 수학용어, 정의, 그리고 계산공식을 익힌다는 것은 밑도 끝도 없이 지루한 작업이다.

이런 측면에서 볼 때, 1단계는 끈기와 의욕이 가장 큰 관건이다. 따라서 그 요소를 고취시키는 작업이 필요하다. 더욱 수월하게 기본을 익힐 수 있도록, 흥미가 생겨서 자발적이고 지속적으로 할 수 있도록.

학습學習의 한자 뜻을 그대로 풀면, '배우고 익히다.'라는 말이다.

일반적으로 '배울 학'은 수업을 듣는 것에, '익힐 습'은 책을 읽어보는 것에 대응이 된다. 물론 책을 보면서 배우는 측면도 있고, 수업 도중에 익히는 측면도 있지만 말이다. 지금은 직접 스스로 읽어봄으로써 배우고 익히는 '책'에 대한 이야기를 하고자 한다.

1단계에서 사용하는 책으로써 기본서, 교과서라고 부르는 것들이 있다. 이것은 서점에 가면 특히 많은 종류의 책들이 있다.

선택의 폭이 넓은 만큼, 가장 자신에게 적합한 책을 찾아보는 것이 쉬운 편이다. 따라서 자신에게 적합한 책을 찾아서 그것을 중점적으로 보는 것이, 위에서 언급한 흥미와 지속성의 고취에 도움이 된다.

나의 경우에는, 지루하고 딱딱한 교과서 특유의 문체가 싫었다. 안 그래도 부족했던 흥미와 관심을 더 떨어뜨렸다. 그래서 좋은 책이 어디 없나 찾으러 직접 서점에 가보았다.

이 책, 저 책을 뒤져보던 중, 눈에 딱 들어오는 책을 발견했다. 시각적으로는 컬러풀했고, 문체는 마치 친한 친구가 설명을 해주듯이 부드러움이 묻어있었다.

아, 보기 좋은 떡이 먹기도 좋다더니. 그 말이 이런 경우에도 잘 맞아 떨어지는 듯했다. 남들이 어렵다하던 수학2를 정말 재미있게 한번 훑어볼 기회를 그렇게 얻었다.

우리가 공통적으로 수능과 내신을 준비하고 있다는 점에서, 이런 부분의 노하우는 공유할 만한 충분한 가치가 있다고 판단이 들었기에 책을 고르는 또 다른 기준에 대하여 잠시 소개해 보겠다.

1. 한 과목을 이해하기 위한 내용전개의 흐름이 잘 이어지는 책. (단원과 단원 사이의 연관성, 특히 인과관계가 잘 설명되어 있어서, 마치 하나의 흐르는 논리를 보는 것 같은 느낌을 주는 책. 이 단원을 왜 배우는지? 그리고 전 단원과 무슨 연관이 있는지?)
2. 개념설명이 일목요연하게 잘 정리되어 있는 책. (그래프, 도표, 그림, 추가자료 등이 적재적소에 배치되어 시각적으로 보기 편한 책.)

다음으로, 두 번째 단계는 심화개념 학습에 대한 것이다.

먼저, 안타까운 교육현실의 한 단면이 잠시 떠오른다. 짧은 경험과 식견으로는, 주입식 교육이 날로 팽배하고 있다. 이것의 원인으로는 대학 입시의 평가 방법, 공교육과 사교육의 역할 문제, 교육에 대한 사회적 요구의 견해차이 등 여러 가지가 복합적인 것이 작용하였다. 그 결과로써 주변을 둘러보면 문제점이 속속 드러난다. 평소에 후배들을 지도하다 보면,

대체로 출중한 암기력과 계산능력을 보인다. 한마디로 유형화된 계산문제는 기똥차게 잘 풀어낸다. 그런 반복적인 패턴의 문제들을 계속해서 풀어내고, 마치 신들린 마냥 동그라미 세례로 채점을 하며 희열을 느끼는 듯하다.

내가 고등학교 초반 때까지 그랬던 것처럼. 그러나 정작 기본개념은 잘 모르고 있다. 제대로 안다는 것은 남들에게 설명을 할 수 있는 경지에 이르는 것인데, 개념을 물었을 때 똑 부러진 설명을 하는 경우가 거의 없었다.

자기소개서

서울대학교 지역균형선발전형 지원 때의 자기소개서

1. 지원모집단위와 관련하여 어떠한 노력을 하였는지 지원동기를 포함하여 기술하여 주십시오.

▶ 띄어쓰기를 포함하여 1,000자 이내로 작성해야 합니다.

현대사회에서 환경문제와 대체에너지의 활용방안이 가장 중요한 문제 중 하나로 부각되고 있습니다. 어렸을 때에는 원유와 같은 지구의 자원이 얼마든지 퍼내 쓸 수 있는 것으로 생각했습니다. 그러나 고등학생이 되면서, 화석연료만으로는 한계가 있으며 환경적 측면까지 진지하게 고려해야 한다는 것을 배웠습니다.

저는 이 문제를 대비한 대체에너지의 필요성을 느꼈고, 이와 관련된 분야의 연구를 깊이 있게 하고 싶었습니다. 그러면서 대체에너지에 대해 알아보게 되었고, 다양한 정보를 만날 수 있었습니다.

특히 핵융합에 대한 이야기는 가장 흥미롭고 인상 깊었습니다. 그때부터 저는 핵융합에 대한 정보를 모으면서 꿈을 키워 나가기 시작했고, 우수한 공학도로 거듭나기 위한 학습의 자세를 갖추는 노력을 시작했습니다. 독서 중에도 의문점이나 아이디어가 떠오를 때면 눈에 확 띄는 색깔 펜으로 꼼꼼히 정리하며 스스로 생각하는 습관을 키우도록 노력했습니다. '끓는점 오름이 왜 몰랄농도에 비례하는지'에 대해 의문이 생기자, 증기압력과 몰분율의 개념을 연관시킴으로써 스스로 해답을 얻어내었고, 과학 동아리 활동 중 실험으로 확인해보았습니다.

이러한 자기주도적인 학습노력 뿐만 아니라, 혼자 해결하기 힘들었던 문제들에 대해 평소에 친구들이나 선생님과 자주 의견을 교환하며 문제점을 해결하는 습관을 가져왔습니다. 개인적인 사고력만큼 중요한 것이 타인과의 원활한 의사소통을 통해 깨닫는 능력이라고 생각하기·때문입니다. 이와 같은 학문적인 교류를 하면서 수학, 과학에 대한 관심의 폭을 넓히며 소통능력을 키울 수 있었습니다.

지금은 소박한 저에게는, 큰 꿈이 있습니다. ITER에서 세계적인 과학자들과 핵융합기술 발전에 이바지하는 것이 바로 그것입니다. 서울대의 핵융합로공학선행연구센터와 같은 우수한 기반시설이 있는 원자핵공학과에 입학하여 그 꿈에 다가감으로써, 인류를 위한 최상의 결과물을 만들어 낼 것입니다.

2. 고등학교 시절 경험한 가장 재미있었던 일, 겪었던 좌절과 그것을 극복하기 위한 노력, 혹은 어려서부터 지금까지 의미 있었던 경험 등에 대하여 자유롭게 기술하여 주십시오.

▶ 띄어쓰기를 포함하여 1,000자 이내로 작성해야 합니다.

아버지께서는 출판업에 25년째 종사하시며 책을 만들고 계십니다. 저는 그 과정 속에 직접 참여하여 아버지를 도울 수 있었고, 구체적으로 어떤 일을 하시는지 관찰 할 수 있는 좋은 경험을 했습니다.

책 한권이 만들어지기 위해서는 30년 된 나무 5그루가 베어져야 한다는 말씀을 늘 듣곤 합니다. 그래서 아버지는 더 의미있는 책을 만들려고 마지막까지 최선을 기울이십니다. 그런 생각으로 표지 디자인 하나에도 온갖 열정을 쏟으시는 아버지를 볼 때마다, 연구하는 학자의 모습이 떠올라 항상 인상 깊었습니다. 그런 끈기와 열정이 존경스러웠고, 이 자세를 본받기 위해 노력하고자 다짐했습니다. 지금은 저 역시도 아버지에 못지않게, 5시간이 넘도록 한 자리에서 열중하여 책을 볼 정도로 집중력을 발휘하곤 합니다. 저는 출판 작업을 돕는데 있어서, 컴퓨터 작업을 하거나 새로운 아이디어를 생각해내는 일이 가장

보람찼습니다. 전자에서는 무언가를 직접 완수하는 성취감이 얼마나 큰지를 제대로 느낄 수 있었기 때문이고, 후자에서는 자유로운 저의 상상력을 마음껏 발휘할 수 있는 좋은 기회였기 때문입니다. 또한 아버지와 함께 제본소, 창고, 서점 등에 여러 차례 방문했는데, 특히 대형서점에 진열상태를 확인하러 갈 때가 가장 행복하고 유익한 시간이었습니다. 수많은 책들을 골라보며 돌아다닐 수 있었기 때문입니다. 그곳에서 자연스럽게 인문학과 사회학뿐만 아니라 과학의 여러 분야를 접하면서 관심을 키워나갈 수 있었습니다. 이러한 주변 환경은 남들과 어울려 놀기 좋아하던 제가, 그보다 더 흥미롭고 심오한 학문의 세계를 추구할 수 있도록 길을 이끌어주었습니다.

그래서 앞으로도 서울대와 같이 수많은 우수한 인재들을 양성하는 좋은 환경 속의 한 일원되고 싶다는 목표를 세우게 되었고, 그런 마음가짐으로 고교생활을 더 충실하게 보낼 수 있었습니다. 저는 반드시 이곳에서 훌륭한 교수님과 선배 아울러 동기

들과 협력하여 진리의 문을 끝없이 추구할 것입니다.

3. 교내 · 외 활동 중 가장 기억에 남는 활동을 5개 이내로 기술하여 주십시오.

▶ 학교생활기록부에 기록되어 있지 않은 내용은 반드시 증빙서류를 첨부해야 합니다. 단, 연구/과제/탐구 활동 등 실적물을 제출할 때에는 해당원본 또는 학교장이 원본대조필한 사본을 제출하여 주십시오.

▶ '활동 내용 및 느낀 점'은 각 활동별로 띄어쓰기를 포함하여 500자 이내로 작성해야 합니다.

▶ '활동기간 및 활동횟수 기재 예시-[2009년3월~2010년5월(총 1년 2개월) 주2회], [20100302~20100320(총 19일)/활동횟수(수시)], [2009년 4월 20일/활동횟수(1회)]

■ 과학 동아리 활동

과학부원으로서 활동하면서 실험실을 활용할 수 있었던 점이 저에겐 가장 큰 의미로 남아있습니다. 학교 수업시간에 하는 정해진 실험에서 벗어나 자유롭게 하고 싶은 일들을 펼쳐볼 수 있었기 때문입니다. 특히 2학년 2학기 때는 온라인 과학탐구에 참

가하여 멕시코만류의 생성원인과 지형류를 탐구하고, 밀도류에 대한 추가설명을 하는 과제를 이곳에서 수행했습니다. 전자는 회전하는 원판에 작은 수로에서 나오는 물을 흘려줌으로써 코리올리효과를 확인해보는 독특한 생각을 떠올릴 수 있었지만, 후자에 대해서는 실제 상황에서도 측정하기 힘든 그 미미한 수직적인 순환을 규모가 큰 실험으로 실행해 옮긴다는 일이 쉽지 않았습니다. 그래서 대형아크릴판을 준비해 직접 자르고 붙여서 밀도차이에 의한 대류현상을 확인하는 비교적 간단한 실험으로 마무리했습니다. 교내 전시마당에도 이와 같이 친구와 생각을 모아 각자의 역할을 수행하기까지의 과정을 거치면서 연구 활동에 대한 더 구체적이고 실질적인 안목을 키울 수 있었습니다.

■ **영자 신문 동아리 활동**

흥미를 가지고 열심히 공부했지만, 노력만큼 성적이 나오지 않아 초등학교시절부터 저를 좌절시키는 최대의 취약과목이 있었습니다. 세계인과 소통하는 큰 사람이 되는 꿈을 가졌던 저에게, 영어라는 그 학문은 반드시 필요한 능력이었기 때문에 끝까지 포기하지 않았습니다. 그에 대한 노력의 일환으로 이 활동을 했습니다.

어느 날 영자신문부의 활동소식을 듣자마자 담당선생님께 찾아가 영어에 대한 열망을 호소했습니다. 그러자 제가 과학부원임에도 불구하고 흔쾌히 허락 해주셨습니다. 저 또한 선생님의 기대에 부응하기 위해 방과 후와 늦은 시각에 집에 와서 또 연습을 했습니다. 이 계기를 통해 저는 영어에 대한 시야를 넓혔고, 놀랄만한 실력향상이 있었습니다. 그래서 저의 기사가 교내 영자신문에 게재되는 결과물을 얻고, 성취감과 자신감이 생겼습니다. 또한, 잘하지 못하던 분야와 일도 적극적으로 도전하면 이루어질 수 있다는 강한 신념을 다시 한 번 확인 할 수 있는 기회였습니다.

■ 축구부 활동

저는 축구부 활동을 통해 친구들과 선후배와 함께 호흡을 맞추고, 다른 선수들과 몸을 부딪치기도 하면서 많은 의미를 얻었습니다. 특히 구에서 주최하는 축구대회에 참가하기 위해 준비하는 과정에서 '팀'이라는 끈끈한 협력체내에서 구성원으로서의 책임감을 깨달았습니다. 연습에 한두 명씩 이런저런 이유로 빠졌을 때, 그 공백이 얼마나 큰 것인지를 알게 되었기 때문에, 이런 단체 활동에 빠지지 않고 꼭 참여하여 제 역할을 수행하기 위해 노력하였습니다.

팀을 이루어 그라운드를 누비며 배울 수 있었던 점은 양보와 인정의 자세였습니다. 욕심을 자제하여 다른 팀원에게 기회를 넘겨주거나, 자신의 실수를 깨달아 개선하는 태도의 가치를 몸소 체험했습니다. 또한'건전한 신체에 건전한 정신이 깃든다.'는 말이 있듯이 이런 스포츠 활동은 제가 스트레스를 풀어헤치고 마음을 가다듬어 학업에 더욱 열중하도록 하는 활력소로 작용하고 있습니다. 앞으로도, 저의 신체를 연마하면서 인성의 질을 높이는 이 활동을 계속 이어갈 예정입니다.

■ **자습실 청결유지**

고등학교 생활 내내 하루의 3분의 1을 보낸 공간은 자습실입니다.

그곳은 지정된 당번이 없이 자유로워서 금방 어질러지기 쉬웠습니다. 그래서 제가 그 문제를 해결해보기로 결심했습니다. 처음에는 홀로 묵묵히 청소를 할 뿐이었고, 친구들은 아무도 시키지 않는 일을 하는 제 모습을 보고 의아해 했습니다.

손걸레로 방바닥과 창틀을 일일이 닦으면서 힘이 들긴 했지만, '이건 남들이 하기 싫어하는 일이지만, 누군가는 반드시 해야 하는 일이잖아?'라는 생각으로 계속 했습니다. 그러다가 친구들이 한명씩 생각을 바꾸어 정리를 도맡아하며 청소를 도와주기 시작했습니다. 저의 사소한 실천이 친구들의 태도변화를 이끌었던 것입니다. 이 점에서 진정한 뿌듯함을 느꼈습니다. 실력을 쌓는 일도 중요하지만, 그것만큼 공동체를 위해 봉사하는 이타적인 태도 역시 중요하다는 생각이 그들에게 전달된 것입니다. 이런 생활 속의 작은 실천을 지금도 꾸준히 이어가면서 '사회에 기여하는 과학자'라는 저의 이상을 마음 속 깊이 되새기고 있습니다.

■ **수학, 물리 그룹스터디**

가장 최근의 활동으로써, 야간자습시간을 할애하여 EBS교재로 수학과 물리로 그룹스터디를 하였습니다. 저에겐 가장 흥미로운 수학과 물리를 어려워하던 친구들이 주변에 많았고, 늘 이곳저곳에서 질문을 받았습니다. 그래서 한꺼번에 많은 친구들에게 그 과목을 이해하는 것을 돕고자 시작했던 활동입니다.

평소에 터득했던 이해방법이나 독특한 관점을 제시할 때마다 친구들은 감탄을 하여 고개를 끄덕였습니다. 가끔은 오히려 제가 미처 생각하지 못했던 부분을 지적 받으면서 더 심도 있게 생각하게 되는 기회도 얻었습니다.

처음에는 많은 친구들 앞에서 저의 생각을 설득시키고 이해시키는 일이 쉽지 않았습니다. 하지만 저의 소통능력을 향상시키기 위해 스스로 더 노력하는 계기가 되었습니다. 이렇게 자유로운 분위기 속에서 친구들과 함께 폭넓고 다양한 생각을 공유 할 수 있었다는 것이 저에겐 색다른 학창시절의 기억으로 남을 것 같습니다.

4. 자신이 읽었던 책 가운데 자신에게 가장 기억에 남는 책에 대해서 순서대로 3권 이내로 기술하여 주십시오.

▶ 읽은 시기와 상관없이(고교 재학기간이 아니어도 됨) 본인에게 가장 기억에 남는 책을 선택하면 됩니다.

▶ '선택한 이유'는 단순한 내용 요약이나 감상보다는 처음 접한 시기, 읽게 된 계기, 어떤 점에서 기억에 남는지, 책에 대한 긍정적 또는 부정적 평가, 이 책이 자신에게 미친 영향(변화)을 중심으로 기술하면 됩니다.

▶ '선택한 이유'는 각 도서별로 띄어쓰기를 포함하여 500자 이내로

작성해야 합니다.

■ 양자 – 확률의 도깨비; 문홍주 ;동아 사이언스

제가 초등학생 때, 어린이날 아버지께 책 선물을 해달라고 부탁하여 서점에 따라간 기억이 있습니다. 그때 아버지는 저에게 이공계를 권하시며 25권정도 되는 분야별로 된 과학책 시리즈를 전부 사주셨습니다. 책의 수준이 꽤 높기 때문에 지금까지도 꾸준히 여러 권을 읽어오고 있는데, 그 중에서 가장 저에게 인상을 주고 있는 것은 양자편입니다. 처음에는 입자물리학의 역사나, 양자 개념의 도입으로 시작하는 현대 물리의 발전사를 보면서 과학자들의 끝없는 학문적 추구를 공감하며, 그분들이 이룩해낸 업적들로부터 위대함을 느끼는 일이 즐거웠습니다. 그리고 중학교, 고등학교에 진학해서 다시 읽을 때마다 그 의미는 또 새로웠습니다. 고전역학과의 차이점을 처음으로 인식할 수 있었고 또는 양자역학의 현재, 미래의 연구 및 응용과제에 대해 더욱 초점을 맞추며 읽기도 하였습니다. 결국 이 책을 꾸준히 읽어오면서 미시적 세계에 대해 더욱 자세히 알고 싶어졌고, 그에 대한 해답을 핵물리학에서 찾아내겠다는 목표를 세우기에 이르렀습니다.

■ 세계를 이끄는 한국의 창조적 공학자들; 오현석외 3인 지음; 서울 대학교 출판문화원

제목을 처음 본 순간 여태껏 찾고 있던 것이 드디어 나타났다는 기쁨에 젖었습니다. 고등학교 3학년이 되면서 주변이 모두 입시로 바쁜 와중에 오히려 저는 책을 통해 잠시 여유를 갖고 마음가짐을 더 굳건히 다지고 싶었습니다. 그래서 단순히 전문지식을 다루는 책보다는, 진솔한 경험을 담고 있는 이야기를 원하고 있었고, 이 책은 공학자들의 그것을 담아내고 있었기에 인상이 깊었습니다. '창조적인 공학자들의 모습은 어떨까?'같은 평소의 궁금증들은 참 해결하기 곤란했습니다. 하지만 책에서 저는 그 실마리를 얻었습니다. 소개된 29명의 공학자분들은 각자 다른 환경 속에서 나름대로 자신만의 신념과 특성을 최대한 살렸습니다. 공통적으로는, 남들이 가보지 못한 새로운 길을 찾아 위험을 감수하는 대담함과 끝까지 포기하지 않는 끈기를 지니셨다고 생각합니다. 읽는 도중에 여러 번 제 자신의 모습을 성찰해보며, 그 분들로부터 배울만한 태도를 메모하여 생활 속에서 의식적으로 실천하려 노력하고 있습니다.

■ **위대한 개츠비; F.스콧 피츠제럴드 지음, 김의승 옮김; 뜻이 있는 사람들**

제가 초등학교 5학년이었을 때 아버지께서 첫 출간하신 의미 있는 책이었기 때문에 읽게 되었습니다. 중학교에 진학하고 나서 다시 한번읽기를 시도해 보았고, 그 당시에는 비극적이고 드라마틱한 사랑이야기라는 느낌을 받았습니다. 하지만 고등학생이 되면서, 비판적인 독서방법과 같은 다양한 시각으로 감상하는 태도를 점차 터득함에 따라 새로운 의미를 발견할 수 있었습니다. 이 소설은 전지적 작가시점에서 개츠비를 중심으로 다루었지만, 저는 독자로서 주인공 이외의 인물의 입장에 서서 이해해보려는 노력을 했습니다.

그런 관점에서 볼 때, 이 책으로부터 얻은 교훈은 순수한 꿈과 사랑을 가지고 올바른 과정을 거치는 것이 좋은 결과의 지름길이라는 점입니다. 이것은 어떤 일을 할 때 더 떳떳하고 즐거운 마음으로 목표를 향해 나아갈 수 있는 필수적 요소라고 생각합니다. 그래서 이 책의 내용을 반면교사로 삼아 진실 되게 살아야겠다는 결심을 마음속에 굳게 간직하는 계기가 되었습니다.

면접 준비

서울대, 포스텍, 카이스트 3개 대학의 수시 입학 준비과정

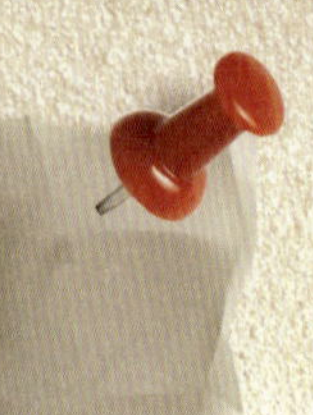

우선 먼저 서울대학교 수시모집은 크게 2가지로 분류한다.

1. 지역균형선발전형(이하 지 · 균)

제가 이번에 지원했던 전형으로써, 2번에 있는 특기자전형과 중복 지원할 수 없다. 학교에서 총 3명이 추천인으로 가능하며, 주로 내신으로 선정한다.

다른 대학과는 달리 서울대의 경우 주요과목 뿐만 아니라 암기과목까지 내신을 반영한다.

1단위당 약 0.07점이 차감되며, 80점 만점에 커트라인은 평균적으로 79(문과) 78.5(이과)에서 형성된다.

- 1단계에서는, 오직 위에서 소개된 환산점수만이 반영되어, 2배수로 성적순으로 합격여부가 결정된다.
- 2단계에서는 자기소개서와 담임선생님의 추천서와 교과 성적(이 때는

학과와 관련된 주요과목의 점수의 반영비중이 높다.

예를 들자면, 국어교육과 → 국어성적// 전기컴퓨터 공학부군 → 물리성적, 수학성적 등등)이 들어가며, 이 모든 것을 종합적으로 고려하게 된다. 이 세 가지 자료를 바탕으로 수능이 끝난 후 약 1주일 뒤에 서울대에서 면접을 보게 된다. 면접내용 역시 세 가지 자료에 대한 질의응답 형식이다.

• 참고로 서울대 수시모집을 지원하시는 분은 '다음카페: 파파안달부루스'에 가입하면, 대략적인 커트라인과 수많은 표본을 만나실 수 있다. 본인도 이 카페에서 많은 도움을 얻었다.

2. 특기자전형

이 전형은 과고나 외고와 같은 실력 있는 특성화고등학교 학생들을 뽑는 것을 목표로 하여 만들어진 전형이다. 뽑는 인원수는 약 1천명으로 지 · 균에 비해 1.5배정도이지만, 매년 1만 명 이상의 지원자들이 몰리는 전형이다.

자녀가 해외에서 지낸 경험이 많아 외국어에 특출난 실력이 있거나, 수학, 과학 분야에서 뛰어난 실력을 보이고, 대학교 학부1학년 수준까지는 무난하게 해결할 수 있는 실력이 있다면 지원해 볼만하다.

물론 특기자전형에서도 지 · 균과 같은 환산점수가 도입된다.

- 1단계에서는 환산점수와 스펙 및 자기소개서와 추천서가 반영된다.(이 부분에서 지 · 균과 다소 다르니, 참고 하기 바란다.)
  따라서, 환산점수만이 중요했던 지 · 균과는 달리 위의 모든 요소를 종합적으로 판단하여 1단계 선발을 1.5~2.5배수로 하게 된다.
- 2단계에서는 지 · 균처럼 면접을 보게 된다. 지 · 균과는 달리 심층면접이라고 말할 수 있다. 이때, 자연계열의 경우 수학, 과학 실력을 발휘해야 하며, 인문계열의 경우 전공과목과 관련된 풍부한 지식과 논술 능력을 발휘해야 한다.

포스텍(POSTECH : 포항공과대학교)

The Times지의 발표에 의하면, 학교 순위에서 서울대가 109위인 반면에 28위로서 세계대학 서열에 진입한 유망한 학교이다. 뛰어난 연구시설과, 학비지원(대학생활 동안 돈을 낼 일이 없음, POSCO라는 대기업의 엄청난 지원을 받고 있음.) 그리고 풍부한 해외연수 기회 및 외국과의 교류라는 장점이 있지만, 지방에서 기숙을 해야 한다는 것과, 단과대학(서울대, 연세대등은 문, 이과가 모두 있는 종합대학으로 분류함)이라는 단점이 있다.

또한, 포스텍의 큰 특징은, 300명만 선발하는 소수정예 시스템이다.

서울대 자연계열 학생의 총 정원이 약 1500명, 카이스트 약 1000명인 것에 비해 상당히 희소성이 있는 체제라고 볼 수 있다. 따라서 학생 개개인에 대한 관리가 철저하고 이것이 또 다른 장점이다. 학생 수가 적은 것에 비해, 학교도 넓다. 약 50만평이라고 하는데, 언뜻 보면 서울대와 비슷비슷한 크기처럼 보였다.(서울대는 알아보니 약 140만평이었다.)

• 포스텍은 내신이 상당히 중요시 하는 편이다. 두 번째로는 생활기록부의 활동내역(ex: 동아리 활동, 외부 연구 활동, 봉사 활동 등)과 자기소개서에서 묻어나는 학업에 대한 열정이 구체적으로 드러낼 수 만 있다면, 그 학생은 거의 합격한다고 볼 수 있다.

내 경우에는 자기소개서에 학업, 평소의 인성 같은 측면에 대해, 매우 진솔하게 표현하여 긍정적인 평가를 받아 경쟁률이 높았음에도 불구하고 합격을 했다.

내신 반영은 국, 영 ,수 ,과학만 하며 특히, '등급'만으로 점수를 환산하는 서울대와는 달리 포스텍은 Z점수라는 또 다른 점수를 반영 한다

• Z점수는 고등학교내의 전체 표본 중, 그 해당학생의 위치를 더 명확하게 밝히는 점수로써, 이 점수가 높으려면 등급에 연연하기 보다는, 내가 무조건 이 시험에서 100점을 맞겠다! 라는 자세로 그 시험에 완벽히 대비를 하는 것이 해결책이다.

Z점수는 카이스트, 연세대 등 주요대학에서도 반영된다.(출신 학교에 하위권 학생들의 평균이 매우 저조한 이유로 인해 Z점수가 타 고등학교에 비해 높은 편이어서 이런 대학에 지원할 시에, 유리한 위치에 있다고 볼 수 있다.)

• 1단계로 3배수를 선발한 뒤, 2단계에서는 직접 포항에 내려가 면접을 보게 된다.

• 보통 포스텍에는 매년 2000~2200명의 지원자가 있으며, 평균 경쟁률은 7~8:1입니다.

높지 않은 것처럼 보이겠지만, 전국에 있는 출신 고등학교에서 최상위권의 학생들만 지원하고 있어, 절대 만만하게 볼 수 없는 상대들이다.

카이스트(KAIST:한국과학기술연구원)

• 위의 포스텍에서 설명한 것과 전형방식이 거의 유사하다. 즉, 자기소

개서와 생활기록부와 추천서로 1단계에서 종합적으로 평가하여 2배수로 선발을 한 후, 2단계에서 면접을 보는 방식이다.

- 일반고에서는 총 두 가지 전형을 노리실 수 있다. (포스텍은 전체를 통틀어 1가지 전형뿐이다.)
- 첫 번째로, '일반고 학생'만을 대상으로 150명을 선발하는 전형이다. 일명 학교장추천학생전형! 한 학교당 1명만의 추천인을 받아 지원하게 되는 전형이며, 8월 달에 최종합격자 발표가 나는 독특한(?)전형이다. 이번년도에는 다니던 학교에 한 학생이 추천서를 받아 지원했으나, 2단계 면접에서 아쉽게도 불합격이 되었다.
- 카이스트는 개인면접뿐만 아니라, 그룹면접을 도입한 매우 독특한 입학사정관제도를 채택하고 있다.

서울대, 포스텍, 카이스트 면접에서 다른 이들과 차별화된 전략은 이랬다.

이 세 대학에 지원하는 학생들의 수준을 고려해 보았을 때, 내신 성적 면에서 그리 우수한 편이 아니었고, 내세울 만한 수상 경력 역시도 없었다.

하지만 이 대학들이 이공계중점대학인 것을 감안했을 때, 수학, 과학에 대한 열정을 잘 살려서 표현해냈기에 합격할 수 있었다고 생각한다. 그리고 실력만큼이나 다른 중요한 요소로써는 인성과 같은 대인역량이나 미래에 대한 비전과 가치관부분을 잘 정리했던 것이 또 다른 합격요인이었다고 생각한다.

일반고는 보통의 자사고나 특목고와 같은 비 평준화 고에 비해 열악한 환경인 것이 사실이다. 하지만 입학사정관님들은 '주어진 환경 속에서 최대한으로 보일 수 있는 열정이 어느 정도인가?'를 중요하게 평가하셨던 것 같다.

미래에 대한 비전과 가치관에 대하여 사회에 기여할 수 있는 과학자가 되고자 하는 꿈을 가지고 있다는 것을 간략히 말했다.

인성적인 측면은 개개인 마다 성향이 다르겠지만, 활발하고 적극적인 성격을 소개했으며, 이 성격이 현대과학 연구에서 필요로 하는 팀워크정신과 잘 맞아 떨어진다고 생각을 해서, 그것을 자기소개서와 면접 때 부족하지만 적절히 표현했다고 생각한다.

그리하여 서울대 공학계열(광역), 포스텍 무학과, 카이스트 무학과에 최종 합격하였고, 지금 현재는 서울대에 진학하여 원자핵공학과에 재학 중이다.

평소 많은 관심을 두고 있는 핵물리학분야에서 가장 유명한 대학이기 때문에 이곳을 선택을 했다. 플라즈마(물질의 제 4의 상태)와 핵융합발전을 연구하면서 화석연료를 대체하는 근본적인 에너지방안을 마련하는 연구에 주력하고 싶었다.

한국에서 대학과 대학원과정을 성실하게 이행하여 20대 박사가 되는 것이 첫 번째 목표이고, 해외에 있는 큰 규모의 연구소ITER(국제 핵융합 실험 로)에서 각 나라를 대표하는 과학자들과 함께 핵융합기술을 상용화 시키는 연구에 이바지하는 것이 그 다음 목표이다.

궁극적으로 나의 학문적인 노력과 성과가 전 세계에 기여할 수 있도록 하는 것이 인생의 커다란 계획이자 목표이다.

특별히 그런 꿈을 갖게 된 계기는 과학기술분야에서 많은 세부분야와 갈림길이 있지만, 그 중에서도 남들이 어렵고 힘들다고 생각하는 부분에 오히려 도전을 해보고 싶었다.

구체적인 예로는, 아직 풀리지 않은 '뇌'라는 신체기관에 대한 연구와 당뇨 같은 난치병의 치료나 물질의 근본적인 입자와 상호작용에 대한 연구 등이 있다. 특히 우리나라의 경우 자원채취량이 매우 적어서 오직 민족 특유의 우수한 두뇌를 잘 활용하는 것이 좋은 길이라고 생각했다.

핵융합연구의 경우 토카막이라는 최첨단 기술 장비와 기초과학이 뒷받침 해준다면, 거의 무한정의 원료로 에너지를 생산해 낼 수 있기 때문이다.

지금은 KSTAR와 같은 우수한 국내의 시설에서도 실현되고 있지만, 아직 비용과 효율성의 문제를 해결하는 과정에 있다고 한다.

믿음보다
좋은
교육은 없다

장충 고등학교

JC Chronicle

창간호, September 01, 2009 · 432-460 Shindang 2-dong Jung-gu, Seoul, Korea · http://www.jangchung.hs.kr

Fear Can Hold You Prisoner
; Hope Can Set You Free

_Message from the Principal

The phrase above is from the well-known movie, The Shawshank Redemption. With this inspiring quote, there is also an image of the hero who is fully enjoying his freedom after being cleared of his false charge. I still clearly remember the deep impression I received when I saw that movie for the first time. Setting aside the fact that the movie was nominated for the Academy Awards and its widely acknowledged reputation, whoever watches it would understand and agree with how I feel about this movie.

The reason that I dwell on the topic of this movie poster is that I want to emphasize the meaning and impact of the English language in today's modern world. We are living in a global age, a term which I am sure all of you have heard of and perhaps even used. In this international age, English itself can make us able to broaden our horizons and allow us to hope and dream as the hero from The Shawshank Redemption did.

Learning is freedom because knowledge opens up many doors and opportunities in our society and all around the world. By studying the English language, we acquire not only an effective means of communication but also possibilities for the future that we have never imagined. This is, indeed, no exaggeration at all, considering the fact that we are all trying harder for a better today so as to fly higher than ever before and to make our dreams come true.

My fellow members of Jangchung High School !

After the blooming season passed, the season to bear fruits has come and our efforts have brought accomplishments to our school. As each season of a year is boastful of its own beauty and abundance, Jangchung students, who have put a lot of their time and effort into advancing their English, are publishing their own English school newspaper by themselves for the first time, and it is surely something to be proud of. Taking the new first step towards this project was not easy, and from making plans to giving a title to the paper, there was nothing unchallenging.

We finally made it through, however, and that is why this is such a meaningful achievement. With ... I am confident that we c... more concrete English education that will benefit all of us by bringing the English language closer to the various aspects of our lives. I am already very excited and proud as I visualize the image of Jangchung students reading this periodical English newspaper.

Lastly, I'd like to appreciate all of the teachers who contributed and provided much needed advice for the publication of this English newspaper, and I'd like to especially thank Ms. Choi Myeong Hee who devoted so much of her time and energy to working with her students for this newspaper.

Once again, I sincerely thank you all.

Oh Yang Hwan

06 Essay

Precious Inspiration in Life

Everybody tends to have a teacher that they want to remember forever. Of course, I am not exceptional, either. I have teachers that I would like to introduce proudly to others.

First, when I was a sixth grader in Cheonggu elementary school, I met a very impressive teacher. My first impression about him was that he looked fierce since he was nearly 190 cm tall. That is to say, he was one and a half as tall as I was. He also looked so wild and rough that he appeared to be threatening to other students. However, it didn't take much time until I came to realize that he was, in fact, a cool and open-minded teacher unlike how he looked.

장충고 영자신문

세분의 선생님

이 영문에세이는 고등학교 2학년1학기 때 장충奬忠고 영자신문 창간호에 실었던 내용들이다. 여태껏 훌륭한 선생님들에게 많은 가르침을 받았지만, 그분들 중 특히 내게 큰 영감을 주셨던 세 분의 이야기를 소개하고 싶었다.

초등학교 때의 이 상규 선생님, 중학교 때의 이 은순 선생님, 고등학교 때의 이 은선 선생님께 존경과 감사의 마음을 다시 한 번 전하고자 한다.

여러모로 부족함이 많은 영문이지만 한글로 옮겨보았다. 참고하시길 바란다.

Everybody has a teacher that they want to remember forever. Of course, I am not exceptional, either. I have teachers that I would like to introduce proudly to others.

First, When I was sixth grade in Cheong gu elementary school, I met a very impressive teacher. My first impression about him was that he looked fierce since he was nearly 190 cm tall. That is to say, he was one and a half as tall as I was. He also looked so wild and rough that he appeared to be threatening to other students. However, it didn't take long until I came to realize that he was, in fact, a cool and open-minded teacher unlike how he looked.

In general, most of subjects that are distributed in equal are taught to students. However, when it comes to my teacher, he followed his way of teaching. That was He sometimes chose the courses of his own; of course, his courses were very interesting to students. For example, he let us go a new gym and play various kind of sports and exercise: Hockey, fencing, dodge ball, football, running, yoga and so forth. Doing these, friends get brighter and we made harmonious air in our class. Meanwhile,

누구나 사람들에게는 오래도록 기억하고 싶은 선생님이 있기 마련이다. 물론 나도 예외가 아니었다. 다른 사람들에게도 자랑하고 싶은 선생님들이 몇 분 있다.

먼저 청구초등학교 6학년 때 매우 인상 깊은 선생님을 만난 것이 그 첫 번째 이야기이다. 그 분 외모에 대한 나의 첫인상은 굉장히 무섭다는 것이었다. 그 이유는 날카로운 눈매와 내 키의 3/2가 되었던 190cm의 장신이셨기 때문이다. 그렇게 강렬한 외모는 나를 비롯한 다른 친구들에게도 두려움을 주었다. 그러나 머지않아 그분이 사실 외모와는 달리, 시원시원한 성격과 열린 마음의 소유자임을 깨닫게 되었다.

보통 초등학교에서는 '담임선생님'의 개념이 뚜렷해서 단 한분의 선생님이 모든 과목을 다 가르친다. 그래서 중, 고등학교시기에 비해 수업시간에 지루함을 느끼기가 더 쉬울 것이다. 그러나 이 선생님만큼은 특유의 방법으로 그런 문제점을 보완하였다.

학교생활을 '즐거움'이라는 중요한 요소로 더 해주었다. 선생님께서는 우리를 체육관에 데리고 가서 다양한 종류의 스포츠를 체험하게 하였다. 하키, 펜싱, 요가와 같이 평소에는 접하기 힘든 운동도 경험해보았다. 그러면서 성격이 소극적이던 친구들도 점점 밝아졌고, 함께 어울리는 법을 배우면서 자연스럽게 반 분위기도 갈수록 더 화목해졌다.

he kept a strict way of teaching as well. He would make us run in the playground or at the gym several times when we did something wrong.

Several episodes explain this strict teaching style of his, one of which happened in the Rose day. On that day, he scolded students who brought roses to school because he usually didn't like the idea of students' having a friend of a different gender. He thought that as a student each of us had to do his or her duty. Anyway, the very day he made students run around the large playground fifty times, which made them exhausted. At that time, I did not know exactly why he let us do that, but now I can guess that he actually wanted us to improve our health as well as to have time for self-reflection. To my surprise, his discipline was really helpful to me. For instance, I was often called "Oxygen Tank" when I played with my friends. Until now, I have been grateful to him because he highlighted the importance of having a sound body and mind.

그 반면, 다른 측면에서는 선생님은 엄격한 훈육방법을 고수했다. 그것은 우리가 어떤 잘못을 했을 때마다 아주 긴 운동장를 몇 바퀴씩 달리도록 하는 것이었다.

여러 가지 일화들이 그것을 설명해준다. 그 중 하나는 Rose day에 있었던 일이다. 그 날 선생님은 장미꽃을 학교에 들고 온 친구들을 꾸짖었다. 학생은 학생으로서 의무를 다해야 한다고 생각하셨고, 이성문제로 인해 자칫하면 안 좋은 길로 빠질 수 있다는 것을 염려하셨던 것이다. 잘못에 대해 지적을 받은 친구들은 기나긴 운동장트랙을 50바퀴나 뛰었고, 끝날 무렵 거의 기진맥진하여 쓰러졌다. 그 당시만 해도 정확히 왜 선생님께서 그것을 시키시는지 알지 못했다. 그런데 지금 돌이켜 생각해보면, 우리가 오랜 시간동안을 달리면서 반성도 하고 건강도 좋아지기를 바라셨던 것 같다. 놀랍게도, 그 훈련은 나에게 정말로 도움이 되었다.

초등학교를 졸업하고 오래달리기를 하면 항상 1,2등을 놓치지 않았고, 친구들과 축구를 할 때면 지치지 않는 체력으로 종종 '산소탱크'라는 소리를 듣기도 한다. 또한 꾸준히 공부를 할 수 있는 강인한 정신의 원동력이 되었다. 선생님께서 건전한 정신과 건전한 육체, 조화의 중요성을 늘 강조하셨던 것에 대해 정말로 감사한다.

I met another good teacher in Jang chung Middle school. She was a female math teacher, and when I first saw her, I was afraid of her. She was a very strict teacher. She came to student seat and scolded them harshly when they did not turn in their assignment or chatted with each other. At that time, I did not quite understand her because I was one of the noisy students in class. However, one day, I realized that she was indeed quite thoughtful and affectionate to students. As a result, I started to concentrate on her class and hand in my assignment on time. One of the most memorable moments in her class has something to do with a mini test. The test's level was high and that makes students to get full marks. This test makes me excited because if I get a good grade, I would be standing out. It created a tension in every math class, but eventually it helped me improve my math. Since then, math has been my favorite subject. After all, the mini test made me talented at the subject.

Thanks to this middle school teacher, I learned the importance of paying attention to my duty as a student and concentrating on classes.

장충중학교에서는 또 다른 좋은 선생님을 만났게 되었다. 그 분은 여자 수학 선생님이셨는데 마찬가지로 처음엔 굉장히 무섭게 느껴졌던 분이다. 선생님은 매우 엄격하셨다. 과제를 제출하지 않거나, 수업시간에 떠들 경우 회초리를 들고 그 학생의 자리에서 가서 엄하게 꾸짖곤 하셨다. 당시엔 내가 매우 까부는(?) 부류에 속했기 때문에 혼나는 것이 정말 이해할 수 없었다.

그러던 어느 날, 수학 선생님이 참으로 학생들에 대해 사려 깊고, 우리에 대한 애정이 깊다는 것을 알게 되었다. 그것은 나를 수업시간에 열중하게 했고, 제시간에 과제를 수행해오게 만들었다. 그 분의 수업시간, 가장 인상 깊은 순간들 중에 하나는 쪽지시험과 관련된 것이다. 쪽지시험의 난이도가 꽤나 높아서 만점자가 거의 없었고, 그 말은 점수를 잘 맞으면 내가 돋보이게 된다는 것. 그것은 나를 저절로 흥분시킬 수밖에 없었다. 나의 신조가 '굵게'사는 것이기 때문이다. 또한 성격상 누군가에게 칭찬을 들으면, '칭찬은 고래도 춤추게 한다.'는 말이 있는 것처럼 고래같이 더 들뜨고 신나서 열심히 하게 된다. 그것은 언제나 수학시간 전날과 당일 나의 긴장감을 불태우게 했다. 시험을 준비하고, 보는 순간만큼은 마치 전장에 나온 병사처럼 치열해야겠다는 생각이 나를 점점 더 향상시켰다. 그때 이후로 수학은 나의 주력이자 가장 확실히 좋아하는 과목이 되었다.

In other words, what I realized through this teacher is that students need to appreciate a teacher's attention and sincerity in order to become advanced in study. In addition, they have to respect their teacher and focus on his or her class if they want to be good at a certain subject.

The last teacher I would like to talk about is an English teacher from Jang chung high school. I met him, when I was a fresh-man. He was strict as well as humorous. He often scolded students who neglected their study. At first I was afraid of be-ing scolded by him, but soon I realize he was always trying to inspire students to keep a right attitude and mind. For example, he often said, "Do a tiger pose!", expressing the pose himself. I was interested to hear those words at first because of selection of words. Also, it eventually helped me to concentrate on my study. Unfortunately, it is true that the pose sometimes made me fall asleep during class. It was amazing, however, it worked for students in the end. What is more, in every English class, he highlighted the importance of memorizing English vocabulary words and recommended students keep their own vocabulary handbook. This had a great effect on his students.

지금 돌이켜보면 전략과목 하나를 미리 만들어 놓은 것이 자신감을 높여주고, 부담감은 덜어주는 일석이조의 역할을 한 것 같다.

이 수학선생님의 덕분에 학생으로서 의무에 대해 주의를 기울이고, 수업에 열중하는 것이 굉장히 중요하다는 가치관을 배웠다. 깨달은 바를 다시 말하면, 학생의 입장에서 선생님의 관심과 진심에 감사해하는 것만으로도 학업에서 진전을 이룰 수 있다는 것이다. '어떻게 제가 이 과목의 점수를 올릴 수 있을까요?' 만약 이런 질문을 받는다면, '그 과목 선생님을 존중하고 그 수업에 열중하면 좋더라!'라고 자신 있게 답변해주고 싶다.

마지막으로 말씀 드리고자 하는 선생님은 장충고등학교의 영어선생님이다. 1학년1학기부터 때 만난 좋은 선생님이시다. 그 분은 엄격할 뿐만 아니라 유머감각도 있으시다. 그리고 공부를 소홀하게 하는 친구들을 종종 꾸짖곤 하여서 악역을 도맡아 하시는 분이다. 처음에는 나도 그 선생님께 혼나는 것이 아주 두려웠다. 교무실에 자주 불러서 학교생활면이나 학습측면에서 여러 지적을 하셨는데, 그 외에도 숙제를 따로 내주시거나 문제집을 공짜로 나누어주셨다. 그렇게 선생님과 조금씩 가까워지면서, 학생들에게 올바른 마음가짐을 갖게끔 영감을 주려고 항상 노력하시는 선생님의 모습에 나는 눈을 떴다. 대표적인 예로, '타이거 포즈를 취해라!'라며 직접 자세를 취하시는 것이다.

After I came to know his influence, thoughtfulness, and effort, I started to respect him more than before, and I tried to meet his effort than ever. For instance, I actively attended self-study at night because he always said to students that they should participate in the self-study at night. From time to time, he came to the self-study room because he was concerned about students studying there. Also, when he came to that room, he always woke up sleeping students and encouraged them to study hard. Therefore, I fully respect him and think he is a great teacher.

Based on my experience that I had with my teachers from elementary school, middle school, to high school, I believe that teachers can have such a great influence on our lives. They also make me believe that if I concentrate on speeches of somebody and open my mind to his or her, I can learn valuable lessons which can be likely to change my life from his or her. They are truly a precious inspiration in our lives.

Writer Kim Dong Hwan

처음에는 이러한 선생님의 수업방식이 새롭게 느껴졌기 때문에 흥미로워했다. 하지만 불행히도 그 자세는 때때로 공부중인 나를 잠에 곯아떨어지게 한 적도 있었고 했으나, 결과적으로는 그것은 공부에 더 집중하는데 큰 도움을 주었다. 또 다른 예로, 매 영어 시간마다 선생님은 영어단어 암기의 중요성을 강조하셨고, 한손에 들고 다닐 수 있는 자신만의 단어장을 만들라고 추천해주셨다. 이것을 제대로 실천한 학생들은 모두 큰 효과를 누리고 있다.

그 분의 영향력, 사려 깊음 그리고 노력을 깨달은 후 이전보다 더 존경하게 되었고 더욱 더 그것에 부응하려고 노력했다. 예를 들어 선생님이 입에 닳도록 강조하시던 야간자율학습을 1년 반째 적극적으로 참여하고 있다. 선생님께서는 때때로 공부하고 있는 학생들을 걱정하여, 근무시간 외에도 그곳으로 찾아오셔서 자고 있는 아이들이든, 열심히 공부하는 아이들이든 격려를 아끼지 않으시곤 한다. 그래서 그분을 전적으로 존경하고 대단한 선생님이라고 생각한다.

초등학교부터 고등학교까지의 선생님들과 함께 가졌던 나의 경험을 토대로 하면, 선생님들은 우리의 삶에 아주 큰 영향을 끼칠 수 있다고 생각한다. 선생님들은 주어진 수업에 마음의문을 활짝 열고 집중하면, 삶을 변화시킬 귀중한 배움을 얻을 수 있게 한다는 것을 믿게 해 주셨다. 진정으로 우리들의 삶에 귀중한 영감을 주시는 분들이다.

아버지가 나에게 들려주신 이야기

아버지에게 들었던 말씀 중에서 기억에 남아 한번쯤 생각하게 하는 몇 가지 이야기를 옮겨본다.

설악산 흔들바위

강원도 설악산에 있는 흔들바위에 대해서 들어봤니?

한 명이 흔드나, 백 명이 흔드나 똑같이 흔들리고 절대로 굴러 떨어지지 않으며, 언제나 그 자리에서 흔들리기만 한다는 이야기 말이야.

그런데 그것은 일반적인 상식이고, 고정관념이더구나.

아빠가 2003년 2월 중순경, 설악산에 가서 흔들바위를 흔들어 보니까 꼼짝도 안했어.

왜냐고?

그 때가 겨울철이고, 결빙상태라 바위 밑이 꽁꽁 얼어붙어 천 명이 흔들어도 움직이지 않을 기세더라고. 세상 어떠한 일에도 특수한 상황이 간혹 있는 법이야.

이렇게 상식의 경계를 넘어선 경험 속에 어떤 숨겨진 요소가 들어 있듯이, 사람들이 흔히 알고 있고, 항상 옳다고 믿고 있는 상식에도 예외가 있는 법이야!

그리고 지금 시대는 '누가 더 많이 아느냐?'하는 지식사회로부터 '누가 얼마나 창의력과 상상력을 조화롭게 실천할 수 있느냐?'를 중요하게 여기는 사회로 발전하고 있는 것 같구나.

"사람들이 그 일은 말도 안 된다. 상식에 위배되어 불가능하다." 이런 식으로 제약을 두려 하더라도 너의 목표가 참되고 올바르다면, 아무리 많은 사람들이 반대하고 흔들어도, 그것을 밀고 나가거라.

겨울철에 저 설악산 흔들바위처럼 결심을 굳게 하고 흔들리지 마라!

정직하게 살지 말고, 진실하게 살아라

세상을 너무 정직하게 살려 하지 마라!

아빠는 정직한 것보다 진실한 것이 더 중요하다고 생각한다.

간혹, 너무 정직하기 때문에 본의 아니게 다른 사람과 자신에게 상처를 주거나, 피해를 입히는 경우가 종종 있다. 반면에 진실은 정말로 부득이 한 경우에 아름다운 거짓말, 즉 선의의 거짓말을 쓸 수가 있지.

아름다운 거짓말은 자신 외에 다른 사람들도 즐겁고 유쾌하게 할 수가 있단다. 갈릴레이 갈릴레오라는 이탈리아 천문학자를 한 번 생각해보자.

로마 교황청 안에서 자신의 사형을 면하기 위해 거짓말을 한 것과 다르게 밖에 나와서 "그래도 지구는 돈다."라고 진실하게 말하지 않았니?

설령 부득이 거짓말을 했어도 진실은 변하지 않는 법이야!

그리고 머리에 든 게 많은 사람, 남보다 뛰어난 사람보다 먼저 '된 사람'이 되었으면 하고 바래.

인간성이 괜찮은 사람. 사람에 대한 예의를 아는 사람. 그것이 첫 번째 아니겠니?

다른 사람들을 대할 때 그 사람의 입장에 서서 한번 쯤 생각해

보고, 따뜻한 마음으로 배려할 줄 아는 사람으로 계속 성장했으면 좋겠다.

다섯 가지 씨와 기氣

사람에게는 사람답게 살기위해 갖추어야 할 다섯 가지 씨와 기가 있는데, 그게 뭔지 아니?

다섯 가지 씨 : 마음씨, 말씨, 솜씨, 맵 씨(모양 씨), 글씨

다섯 가지 기 : 패기, 용기, 끈기, 오기, 극기

아빠가 25년 전쯤에 읽었던 '지상에서 가장 아름다운 것'이라는 '안병욱 교수'님의 에세이에 나오는 말들이야.

이 말들을 가슴으로만 생각하다가 너에게 처음으로 이야기 하려고 해! 내 나름대로 생각하고 정의를 내려 본 것이지.

그럼 먼저 5가지 씨에 대해 말해 볼께!

마음씨 : 사람이 동물과 식물이랑 다른 특별한 존재인 이유는 사람에게는 아름다운 마음씨가 있기 때문이야!

말씨 : "가는 말이 고와야 오는 말이 곱다."는 옛 우리 속담도 있듯이 곱고, 예쁜 말씨는 인간관계를 즐겁고 행복하게 만들지.

솜씨 : 좋은 솜씨는 세상을 풍요롭고, 여유롭게 또 자유롭게도 만들어 주지.

맵 씨(모양 씨) : 겉모양만 보기 좋고 예쁜 것이 전부일까? 사람의 육체는 영혼을 담는 그릇이고, 눈에 보이는 것만이 꼭 진짜는 아니야!

따라서 바르게 균형 잡힌 정신과육체가 더 중요하단다.

글씨 : 글자체를 똑바르고 예쁘게 쓰는 것이 중요하지, 하지만 글의 내용도 올바르고 정성스런 마음이 담겨야 해!

자! 다음은 다섯 가지 기에 대해 이야기 해볼게.

패기가 무엇일까? 누구 앞에서도 주눅 들지 않고 자신 있고 당당한 자세와 태도.

특히 젊은 사람들에게 필요한 힘이라고 생각하는데, 네 생각은 어떠니?

용기는 불의를 보고 외면하거나, 모른 체 하지 않는 것이며, 정의를 위해 당당하게 맞서 나가는 내면의 힘.

끈기는 시냇물이 큰 바다를 향해 쉼 없이 흘러가서 바닷물이 되듯이, 처음 마음가짐을 변함없이 유지하여 목표를 향해 지속적으로 나아가는 힘.

오기는 성공과 실패에 상관없이 끝까지 포기하지 않고 도전하는 힘.

창의력과 관련지어 생각 할 수도 있겠지.

극기는 자기 자신을 이기고 극복해내는 힘.

세상에는 자기 자신을 이기는 것보다 힘든 일은 없어.

나약하고 교만한 자신을 뛰어 넘는 것.

그럼 다섯 가지 씨 와 기 앞에 꼭 붙어야 할 말(단어)이 무엇이 있겠니?

정답이 아닐 수도 있겠지만 그것은 "참, 진실(한)된, 진정한"이란다.

그래! 사람은 누구나 모두 다섯 가지 씨와 기를 갖고 있지. 그러나 참, 진실, 진정한, 자기 자신의 것이어야 해.

동환아! 네 생각에는 특히 어떤 씨와 기가 중요하다고 생각하니? 하고 이야기를 하셨다.

어느 농부와 아들

어느 깊은 산골에 아버지와 아들 단둘이만 살고 있는 집이 있었다.

젊은 날을 방탕하게 보내다 군대에서 제대 후 정신을 차린 아들이 늙은 아버지의 농사일을 돕기로 마음먹고 거들게 되었는데, 쟁기질 한번 해 본적이 없는 아들에게는 농사일이 서툴기만 하였다.

마침 밭고랑을 가는 일을 하게 되어 아버지와 아들은 밭을 갈게 되었어.

그런데 밭을 갈면서 살펴보니, 아버지가 간 밭고랑은 일직선으로 보기 좋게 똑바르게 갈아져 있는데, 반면 자신이 간 밭고랑은 이상하게 비뚤비뚤 되어 있었던 거야.

"아버지가 간 밭은 똑 바른데 제가 간 것은 왜 이렇죠?" 하고 아들이 물으니 아버지는"애야 무슨 일이든 목표를 정해놓고, 진행을 해야 좋은 결과가 나오는 법이야" 하셨지.

아들은 아버지의 말씀을 명심하고 또 열심히 밭고랑을 갈았어. 한참이 지난 뒤 자신이 간 밭고랑을 보니, 웬걸 전에 간 밭고랑보다 더 엉망이고, 정신이 하나도 없을 정도로 꼬불꼬불한 거야.

이게 어떻게 된 것이지?

"아버지 말씀대로 목표를 정해놓고 밭을 갈았는데 말씀하고 틀리잖아요." 아들이 따져 물었데. 그랬더니 아버지는 "그래 너는 어디를 목표로 정하고 밭을 갈았는데" 하고 물으셨고, 아들은 자신 있게 이렇게 대답했다고 해.

"그야 저기 하늘에 걸려있는 흰 구름을 목표로 정해놓고 열심히 했죠!"

그 말에 아버지는 자신의 이마를 탁! 치면서 이렇게 말씀하셨어.

"애야! 세상에 무슨 일을 하든 변함없고, 흔들림이 없는 목표를 갖고 해야 제대로 된 좋은 결과가 나오는 것이다."

흔들림이 없고 변함없는 목표를 가슴에 새기며, 사시사철 푸른 저편 소나무밭에 가장 큰 소나무를 목표로 잡고 밭을 갈았더니, 그때서야 아버지의 밭고랑처럼 똑 바르게 갈아졌다고 한다.

이 이야기는 올바른 목표와 제대로 된 방향설정의 중요성을 의미하는 것이겠지. 라고 하셨다.

동환아! 웃어라

이제 조금만 있으면 면접을 보게 될 텐데, 교수님이 질문을 하면 일단 웃어라!

웃으면서 생각을 하고 대답을 하면 좋겠어.

만약에 네가 대답하기 어려운 질문을 하시면 거꾸로 교수님에게 답이 무언가를 물어봐.

너는 배우는 학생이잖니? 웃음을 잃지 말고 공손하게 '저는 이 부분까지 이렇게 생각하는데, 그 다음 부분부터는 잘 모르겠습니다. 이 질문에 대한 약간의 힌트를 주시면 감사하겠습니다!'

라고 적극적으로 대응해봐.

동환아! 네가 지금 이렇게 열심히 공부하는 것은 오로지 수능 시험을 잘 보아서 명문대에 들어가기 위해, 또 단지 명문대에서 뽑아주기를 원해서 공부 하는 것이 아니잖니?

네가 평소에 주장했듯이 어떤 분야에 흥미를 느껴서 스스로 공부를 하여 왔고, 이 기회를 통해 그 과정들을 검증받으려는 목적으로 준비를 하는 것이니까.

시험 결과에 집착할 필요는 없어. 평상시 너의 공부하는 자세와 준비가 정말 제대로 되었는지가 중요한 것이지. 재미있게 공부하고 있는 지금의 이 과정을 있는 그대로 즐겨라!

네가 어느 대학을 가든, 너는 자랑스럽고 훌륭한 내 아들이야!

효자가 되려고 애쓰지 마라!

'바늘 도둑이 소 도둑이 된다.'는 옛 속담의 유래에 대해서 넌 혹시 아니?

아빠가 아는 바늘 도둑은 원래 효자였단다.

늙으신 어머니가 가난한 생활에도 지극 정성으로 아들을 키웠는데, 그 아들이 하루는 길에서 우연히 바늘을 하나 줍게 되어 어머니 생각이 나서 갔다 드리게 되었지.

어머니는 좋아하시며 "마침 바늘이 부러져서 필요했는데 요긴하게 쓸 수 있게 되었구나!"하며 반기는 그 모습에 아들도 기뻤지. 뭔가 어머니에게 도움이 되는 부분이 있었으니까. 그날 이후 아들은 틈만 나면 길에서 바늘을 찾게 되었고 더 이상 바늘을 구할 수 없게 되었어.

그러자 효심이 깊은 아들은 고민 끝에 이웃집에서 몰래 바늘 하나를 훔쳐다 어머니께 가져다 드렸지. 어머니는 기다렸다는 듯이 기뻐하셨고, 그 후 바늘도둑질은 계속되었어.

맨 처음 아들에게는 죄책감과 두려움도 있었으나 어느새 차츰 사라졌고, 어머니 또한 아들에게 바늘의 출처에 대해 전혀 묻지도 않았고 그것을 당연히 여기게 되었지. 그래서 바늘 도둑질에서 출발하여 급기야 음식으로, 옷으로 어머니가 기뻐하시는 모습과 칭찬 받을 생각으로 그렇게 점점 더 큰 물건을 훔쳐다 갖다드렸어.

그러다 나중에는 먼 이웃 마을에 소를 훔치다 잡혀서 관가에 끌려갈 지경에 이르렀어. 너무 늦게 그 사실을 알게 된 어머니는 눈물을 흘리며 아들을 원망하자, 아들 역시 눈물을 흘리며 이렇게 말했지.

"어머니, 어머니께서 그 때 저에게 어떻게 이 물건을 가져온 것이냐고 따끔히 물으셨더라면" "이야기를 정리하자면, 아들의 입장에서 효성스러운 마음에서 시작한 일이 잘못된 습관이 되어 나중에는 돌이킬 수 없는 버릇이 되었다는 거야.

동환아! 너는 효도의 참된 의미를 모르고 행동하는 의존적인 효자로 살기보다는, 지금처럼 자주적이고 독립적인 사람으로 살아가길 바란다.

너의 인생은 순전히 너의 몫이다. 우리가 평상시에 이야기를 나눴던 것처럼, 매사에 좋은 동기와 올바른 과정을 거쳐야, 결과가 설령 좋지 않더라도 후회가 없겠지? 후회 없는 인생을 살자". 이렇게 이야기를 끝마치셨다. 뭔가 여운이 남는 이야기인 것 같다.

동환이 아빠가 부모님들께 드리는 6가지 조언

1. 엄마와 아빠가 일관성 있는 말과 행동을 해주세요

세상 모든 부모님은 누구나 다 자기 자식이 잘 되기를 간절히 바라면서, 지극한 정성으로 자녀를 양육합니다. 하지만 당신의 자녀를 긍정적인 시선으로 바라보면 장점이 보이고, 부정적인 눈으로 바라보면 아이의 단점만 보일 것입니다. 마치 색안경을 쓰고 사물을 보면 모든 사물이 그 색깔로만 보이는 것처럼 말입니다.

엄마는 게임을 하면 안된다하고, 아빠는 적당히 하면 괜찮다고 한다면, 혹은 반대로 아빠는 게임을 하면 안된다하고, 엄마는 적당히 하면 괜찮다고 한다면, 아이는 어떻게 행동하게 될까요?

부모 각자의 가치관이나 감정, 기분에 따라 그 때 그 때 게임을 하는 행위에 대해 다른 태도를 취한다면, 아이는 그 자체로도 극심한 혼란과 스트레스를 받게 됩니다.

한사람의 눈치를 보는 것도 힘들 텐데, 부모님 양측의 눈치를 본다고 생각해보세요. 아이가 게임에 더 강한 욕구를 느끼거나 그것에 더 빠지기가 쉽죠.

어느 날 아들과 단둘이만 집에 있게 되었습니다. 동환아! 너 마음껏 한번 게임을 해봐라! 하고 말하자, 아이는 밤을 꼬박 새우며 무려 10시간이상을 게임에 몰두하는 것이었습니다. "게임이 그렇게 재미있니?" 하고 물으니 동환이는 "헤헤" 웃으면서 계속해서 열중하는 거였습니다. '그래! 한참 자라는 아이의 욕구를 무조건 막는다고 능사가 아니야. 내가 동환이편이 되어 이해해주자'하고 마음을 먹게 되었습니다.

아이엄마에게는 "아이들이 성장하는 하나의과정이다. 부모로서 지나친 욕심을 버리자. 사람이니까 장점도 있고 단점도 있는 법이고, 우리가 자식을 믿고 이해해주자"며 설득하였습니다. 그러자 아이엄마도 순순히 동의 하였습니다. 하지만 동환이 누나들이 처음에는 반대 하였으나, 차츰 이해하여 주어서 아이와의 전쟁은 끝났고 가정의 평화가 찾아 왔습니다.

가화만사성家和萬事成이라는 말처럼 집안이 화목하고, 가족 간의 의견일치가 잘되어야, 매사가 잘 풀리는 것이라 생각했습니다. 그 후 아이는 게임을 하면서도 고맙게 티 없이 맑고 바르게 잘 자라주었죠.

따라서 먼저 부모님이 자녀의 어떤 행위와 결과만을 가지고 판단하고 대처하지 마시고, 근본적인 원인과 문제점에 대해 잘 살펴보시고 일관성 있는 말과 행동을 하는 것이 중요하다고 봅니다. 그래야만 자녀가 부모님의 말씀에 신뢰를 갖고 따르게 됩니다.

2. 부모와 자식사이는 비즈니스와 거래상대가 아닙니다

어렸을 적 똑똑했던 우리아이가 학년이 높아질수록, 평범한 아이로 변해가는 것을 느끼게 되는 것이 대다수 일반가정의 이야기일 것 같습니다.

흔히 부모님들은 다른 아이와 비교하여 경쟁심과 향상심을 끌어올리기 위해 성적을 올리면 '무엇을 사주겠다, 무엇을 해주겠다.'며 내기를 하거나, 거래를 하는 손쉬운 유혹에 빠지게 됩니다. 단기간에 성적의 향상과 그 어떤 결과에 대한 집착으로 조급한 마음이 생겨서이지요.

물론, 오죽 부모의 마음이 답답하면 그럴까 충분히 이해가 갑니다. 하지만 거기에 익숙하게 길들여 진 아이는 나중에는 내기와 요구 조건을 제시하여 자신의 의견이 받아들여 지지 않으면 꼼짝도 안한다고 합니다.

그래서 부모의 속만 태운다는 이야기를 주변에서 종종 듣게 되는데, 자기 자신을 위한 공부와 일을 마치 인심 쓰듯이 생색을 내며, 부모님께 조건을 거는 바람직하지 못한 버릇과 습관이 생긴 것입니다.

부모와 자식사이는 거래나 비즈니스의 상대가 아닙니다. 공부는 아이 스스로가 흥미와 목표를 갖고 자율적으로 해야 합니다. 또한 게임도 본인이 시간 조절을 하고, 자신이 스스로를 통제할 수 있는 습관이 필요합니다.

부모의 역할은 이 습관을 키우는 데 도움을 주는 수준정도만 필요하다고 생각합니다.

저희는 아이에게"수업하듯이 50분하고 10분은 쉬었다 해라, 건강생각해서라도 좀 여유를 가지고 잠시 쉬어가면서 해라."하며 게임을 하는 행위자체에 대해서는 거의 통제를 하지 않았고,

본인의 자유의사를 존중해주는 편이었죠.

왜냐하면 부모에게 거짓말을 하지 않고, 자주自主적인 사람으로 성장해 나가는 것이 더 중요하다는 믿음 때문이었습니다.

한 때 게임을 좋아했던 저희 아이처럼 설령, 댁의 자녀도 게임을 지나치게 많이 하여 힘들고, 속상하게 할 수도 있을 것입니다. 더 나아가 심지어 구제불능이니 하는 생각까지 들 수도 있을 것입니다. 하지만 자식은 포기의 대상이 되어서는 안 됩니다. 부모는 자식에 대한 믿음과 사랑, 그리고 인내심을 갖고, 한결 같은 태도와 자세로 대해야 합니다. 그러면 그 믿음에 댁의 자녀도 틀림없이 긍정적인 답을 할 것입니다.

3. 온가족이 함께하는 여가활동과 취미생활을 갖도록 해주세요

"건전한 육체에 건전한 정신이 깃든다."는 말이 있듯이 가족의 화목과 건강을 도모하기위해서는, 아이들의 인터넷사용, 만화책, TV등 학습과 체력증진에 방해요소를 조금이라도 줄여주어야 합니다.

따라서 가족 모두가 함께 할 수 있는 건전한 여가활동이나 취미생활을 권하고 싶습니다. 예를 들면 저희는 배드민턴, 축구, 달리기 시합, 훌라후프, 오목, 공원길 산책 등을 주로 하였죠.

승부욕이 강한 아이들의 성격 때문에 배드민턴, 축구, 달리기 등을 할 때면 눈치 채지 못하게 요령껏 져주었습니다.

"우리 동환이는 정말 못 하는 게 없네! 너는 뭐든지 잘하는구나!"하며 칭찬과 감탄사로 잘 할 수 있는 것이 많다는 무한한 자신감을 심어주려 노력했습니다.

또 가끔씩은 매달 셋째 일요일에 열리는 거북이 마라톤 대회에 가족 모두가 참가하여 걷기도 하였죠. 그 대회를 통해 많은 사람들과 어울려 웃고 땀 흘리는 것이 가상의 공간보다 재미있다는 것을 체험하게 하려했던 것입니다.

4. 자녀의 입장에서 생각해보세요

역지사지易地思之라고 아이의 입장에서 한번 생각해보자는 말씀을 드리고 싶습니다.

언젠가 EBS 방송자막을 보니까 "유대인들은 사람의 재능이 약 3천 가지가 된다고 생각한다."고 나오더군요. 세상에는 음악적 재능이나, 미술적 재능이 뛰어나거나, 운동신경이 타고났거나, 사람을 잘 사귀고 대인 관계가 좋은 사람 등등 다른 여러 분야에서 탁월함을 보이는 사람들이 많이 있습니다.

그렇지만 대부분의 우리나라 부모님들은 자녀가 공부만 잘하면 다 되는 줄로 압니다. 물론, 거의 많은 일에는 기본적으로 학문의 바탕이 필요합니다. 하지만 자녀가 자율적으로 공부하는 것이 아닌, 부모의 일방적인 뜻에 따라서 공부하여 출세하고 성공하기만을 강요받는 것이 과연, 바람직한 것인지 생각하고 재검토 해봐야 하는 것은 아닌지요?

혹시 댁의 자녀에게는 본인의 꿈과 재능을, 스스로 찾고 살릴 수 있도록 도와주는 지지자의 역할이 더 필요한 것은 아닐까요? 공부는 자녀가 직접 하는 것이고 자신만의 동기, 목표, 흥미가 있어야 합니다. 그런데도 부모님의 일방적인 기대와 강요 속에서 공부를 해야 한다면, 책상에 앉아 공부하는 시늉만 하고 학교, 학원에 가서는 수업을 듣는 둥 마는 둥 하니까 성적이 제자리걸음을 하게 되는 것은 아닐까요?

또한 부모님의 관심과 감시가 잠시 소홀한 틈을 타 게임에 빠지게 되거나, 욕구 불만을 해결하려고 PC방에서 시간을 보낼 수도 있습니다.

정리해서 말씀드리자면, 부모와 자식은 가슴을 열고 진지하게 대화를 나누어야 합니다. 공부에 대해 또 그 외에 흥미 있는 관심분야를 찾는 노력을 함께 해 보아야 합니다. 그것은 다양한 취미생활, 특기사항, 그리고 다른 공부와 같은 것들이 될 수도 있겠죠.

부모는 아이의 인생선배이자, 좋은 파트너이어야 합니다. 아이도 우리의 자식이기 전에, 하나의 인격체라고 생각하며 존중해주는 것이 도움이 될 것입니다. 아이의 입장에서 생각하며 가슴을 열고 진실한 대화를 나누어 보세요! 간절한 염원은 통하게 마련입니다.

5. 자녀의 게임성향과 게임시간을 살펴보세요

리니지, 피파온라인, 스타크래프트 등 게임회사가 하나의 게임을 개발하여 내놓을 때는, 최대한 많은 충성고객을 오랜 시간 동안 확보하여 영리를 추구하려는 목표가 있습니다. 그러므로 게임을 하는 우리의 자녀에게 문제가 있다고 하기보다는, 게임 자체가 그렇게 설계되어 있는 것을 의미합니다.

따라서 우리의 자녀가 게임에 한번 맛들이면 중독되기 쉬운 것은 당연한 일입니다. 하지만 게임이 무조건 나쁘다고 치부할 수만은 없을 것 같습니다.

게임을 하면서 전략을 세울 수도 있고, 그 속에서 다른 사람들과 집단을 이루어 과제를 수행하는 등 현실에 적용하면 도움 되는 요소도 있을 것입니다. 다만 주의할 점은 폭력적이고 자극적인 성향의 게임을 자주 접하다보면, 그것이 잠재적으로 축적되어 안 좋은 토양이 될 수 있다는 것입니다. 저희 아이도 예외가 아니어서 그 때마다 "동환아! 될 수 있으면 사람 죽이는 그런 게임만큼은 좀 자제했으면 좋겠다. 컴퓨터도 일정시간이 지나면 잠깐은 쉬어야 하지 않겠니?"라고 제안하곤 했습니다.

어느 때인가는 가족나들이를 위해 아이를 찾았으나 보이지 않을 때가 있었습니다. 나들이 준비하는 그 잠시의 틈을 타 PC방에서 게임 속에 빠져 있는 모습을 목격하게 된 것입니다. 애가 타서 찾아다닌 것을 생각하면 화도 났지만, 웃으면서 가족들이 기다리고 있다고 말하며 옆에 앉았습니다. 일단은 무슨 게임을 하는지 살펴보고, 기다렸다가 데리고 나와 새로운 기분으로 나들이를 떠나곤 했지요.

저희 경우에는 가족들과 함께 비폭력적인 게임으로 점차 바꾸어 나가도록 유도하고 설득하였습니다. 그 결과 게임성향을 바꾸면서, 가끔씩 무의식적으로 툭툭 튀어나오곤 하던 거친 말도 사라진 것 같습니다.

또한 게임시간을 조금씩 줄여 나가면서 6개월의 시간이 지나자 완전히 끊을 수 있었죠. 물론 아이 본인의 의지와 노력이 제일 크게 작용했지요.. 나중에 아이에게 들으니 게임금단증상으로 고생도 많았다고 했습니다.

물론 그 후 공부에 집중할 수 있는 시간은 더 많아졌고, 능률의 상승 때문인지 더 흥미로워 하는 것 같았습니다. 그 외 성격 부분에서도 게임을 접하기 전, 아주 어렸을 적의 침착하고 사려 깊은 바른 성품의 모습으로 되돌아오는 변화도 생겼고, 여러모로 이 변화는 좋은 영향을 주었습니다.

6. 부모의 모습이 자녀에게는 거울이 됩니다

부모가 항상 밝고, 긍정적인 말과 행동으로 자녀에게 꿈과 희망을 가질 수 있도록 해야겠습니다.

먼저 화목한 가정을 만드는 것이 최우선입니다. 또한 부부가 자녀 교육에 대해 자주 대화를 나누는 것이 좋습니다.

저희 가정의 경우는 세 자녀가 있다 보니 각자 개성이 강하고, 형제간의 컴퓨터 사용문제로 인한 갈등과 불화로 서로의 마음을 상하게 하는 일이 종종 생겼습니다. 그럴 때 마다 "형제간에 서로 좀 양보하고 이해 해주면 안 되겠니?", "엄마, 아빠처럼 사이좋게 지내라!" "남산에 갔다 올 테니, 너희들끼리 대화로 문제를 잘 해결해 봐"하고는 부인과 집 근처에 있는 남산 산책길을 걸으러 나갔습니다.

봄, 여름, 가을, 겨울. 남산의 사계절, 자연의 변화를 보면서 느꼈습니다. 영원히 계속되는 것은 없다고. 나무들이 계절의 변화에 옷을 갈아입듯이, 아이들도 성장하는 하나의 과정이라는 것을, 언젠가는 아이들의 관계도 좋아질 것이라는 믿음 같은 것이었습니다.

뒤 돌아보니 어느새 10년의 세월이 흘렀습니다. 그동안 산책길을 걸으면서 자녀문제로 속상했던 마음도 서로에게 풀고, 교육에 대해 많은 이야기를 나누곤 했습니다.

"아이들이 자라면서 의견충돌을 하고, 인터넷을 좋아하는 것도 성장과정이다. 또한 게임에 몰두하는 것도 스트레스를 해소하는데 도움 되는 면이 있으니까. 부모로서 우리가 속상하고, 받아들이기 힘든 부분이 있어도, 이해하고 인내하자. 그리고 아이들의 개성과 장점을 믿고, 존중해주는 것이 올바른 교육방법이다. 부모가 자식 안 믿어주면, 세상에 누가 우리자식을 믿어주겠어?"라고 늘 같은 결론을 내렸습니다. 물론, 당연히 지금은 그 믿음대로 의좋은 삼남매로 남들이 부러워하지요. 가족 간의 의사소통을 원활히 하고, 부모가 서로를 위하고 아끼는 모습을 보여야, 자녀들이 정서적 안정감을 갖고 바람직한 학교생활, 여가활동, 친구관계를 형성 할 수 있습니다.

사랑하는 후배들에게 한마디

하루에 게임을 10시간 넘게 하는 학생이 명문대에 갈 수 있을까? '하는 학생'은 어렵겠지만 '하던 학생'은 갈 수 있다.

게임을 그만두면 가능하다는 뜻이다. 게임 캐릭터의 레벨을 올리기 위해 쏟던 노고를 자기 자신의 인생에 레벨을 올리는 데 쏟으면, 누구나 가능하다고 자신 있게 말해주고 싶다. 또한 열심히 공부하려는 후배들을 위하여 간단한 조언을 하고자 한다.

우선 게임을 좋아하는 후배들에게 한마디

1. 이왕 할 게임이라면 다양한 장르를 골고루 해보자.

온라인 게임은 저마다 다른 공략법이 있다. 이때 여러 장르를 골고루 하면 다양한 전략을 배울 수 있다. 게임을 하면서 창의적인 문제 해결력을 키우는 효과를 거둘 수 있다.

2. 게임 속의 사회성을 현실 세계에서도 적용 시켜보라.

최근 온라인 게임에는 채팅 기능이 빠지지 않는다. 게임 안에서 남녀노소 할 것 없이 많은 사람을 만날 수 있게 되는 것이다. 누구와도 자유롭게 이야기를 나눌 수 있다는 점에서 사회성을 키우는 데 도움이 된다. 단, 얼굴을 맞대야 하는 현실 세계에서는 더 내성적이 되는 경우가 있으니 조심하자.

3. 게임은 스트레스를 풀기 위해 잠깐만 하자.

프로게이머가 되려고 한다면 적극적으로 나서서 길을 찾아보라. 이내 쉽지 않은 길이라는 것을 알 수 있을 것이다. 프로게이머가 될 게 아니라면, 게임은 잠시잠깐 스트레스를 풀기 위해서만 해야지 삶의 많은 부분을 차지해선 안 된다. 자신의 인생이란 크고, 긴 안목에서 볼 때 게임하면서 느끼는 즐거움은 정말 아무것도 아니다. 즐거움은 금세 사라져 버리는 것이다. 게임 속 캐릭터의 레벨을 높이기보다, 자기 자신의 인생에 레벨을 높이기 위해 노력하자.

4. 게임과 공부는 닮았다?!

게임은 공부라는 현실을 벗어나기 위한 탈출구와 같다. 하지만 게임과 공부는 어떤 면에서 보면 닮은 점이 있다. 게임을 처음 시작할 때 조작법이나 기초 전략을 배우는 과정이 필요하다. 공부도 마찬가지다. 공부에도 기초가 필요하다. 그 기초를 쌓는 과정이 어려워서 피하려고만 한다. 하지만 공부의 기초가 하나둘씩 쌓인 다음에, 느껴지는 재미는 어떤 게임이 주는 재미보다 더 크다.

5. 게임보다는 다양한 경험을!?

타임머신이 있다면 과거로 돌아가 다양한 경험을 해보고 싶은 마음이다. 초 · 중 · 고 시절은 인생에서 필요한 많은 것을 배울 수 있는 시기다. 게임에만 빠져 있기에는 아까운 시간이라는 뜻이다. 다양한 시도와 경험을 하면서 자신만의 꿈을 이루기 위해 더 많이 투자하라고 조언하고 싶다.

김동환의 4색 노트 정리법

공부란 하루 이틀 하고 말 것이 아니기에, 공부한 내용을 효율적으로 정리하고 잘 분류하는 과정이 중요하다. 그럼 내가 개발한 '4색 노트 정리법'을 간단히 정리하며 이렇다.

대부분의 학생들이 그렇듯이 일반적인 정리나 필기는 검은색 펜으로 한다. 잘못 생각하고 있었던 개념이나 계속 틀리는 부분은 빨간색 펜으로 쓴다. 주의나 경고의 의미를 담은 것이다. 기본 개념을 넘는 심화 개념이나 보충 자료는 파란색 펜으로 쓴다. 한때는 이렇게 3가지 색으로만 정리를 마칠 수 있었다.

하지만 수학이나 과학을 공부하다 보니 '왜' '어떻게'라는 문제의식이 생기곤 했다. 이런 경우는 초록색 펜으로 떠오른 생각을 정리했다. 노력 끝에 해법을 찾으면 어김없이 초록색 펜을 꺼내들었다.

펜의 색깔	내용
검은색	일반적인 정리나 필기
빨간색	오개념이나 계속 틀리는 부분
파란색	심화 개념이나 보충 자료
초록색	나만의 문제의식과 해법

그리고 다양한 분야에 폭넓은 독서를 권하고 싶다.

책을 읽으면 저자의 생각과 경험을 자기 자신을 만들어 가는데 도움이 되게 할 수 있다. 세상과 사물에 대해 여러 관점에서 객관적으로 바라볼 수 있게 하고, 깊은 통찰력과 생각하는 힘을 키워준다.

또 수험생으로서 수험생활 중 최대의 적은 지루함이다. 지루함 때문에 밖에 나가 놀고 싶어지고, 빈둥빈둥 대고 싶어진다.

이것을 극복하기 위해서 친구들과 함께 공부하는 시간을 주기적으로 갖는 것이 좋다. 홀로 책상 앞에서 경직된 자세로 앉아있는 시간이 오래 지속되면, 지옥과도 같이 느껴질 때가 적지 않았기 때문이다. 평범한 학생이라면, 2시간 이상을 버티기 힘들 것이다. 그런 지루함이 느껴질 때 주기적으로 자리에서 일어나 약속된 시간에 친구들과 함께 공부를 해보라! 암기내용을 서로에게 확인하면서, 수다도 좀 떨고 하면 금방 기분과 의욕이 회복되는 자신을 발견하게 될 것이다. 따라서 이런 방법을 적극 활용하시기 위해서는 집에서 공부하기보다는 야자실을 강력 추천한다. 또한, 쉬는 시간을 최대한 효율적으로 이용하여 스트레스를 해소해보자!!

남학생의 경우 쉬는 시간, 잠깐 동안의 축구와 농구는 꿀처럼 달콤한 휴식이 될 수 있고, 여학생의 경우는 과자를 먹거나, 동기들과 수다를 떠는 것 또한 꿀맛 같은 휴식이 될 수도 있을 것이다.

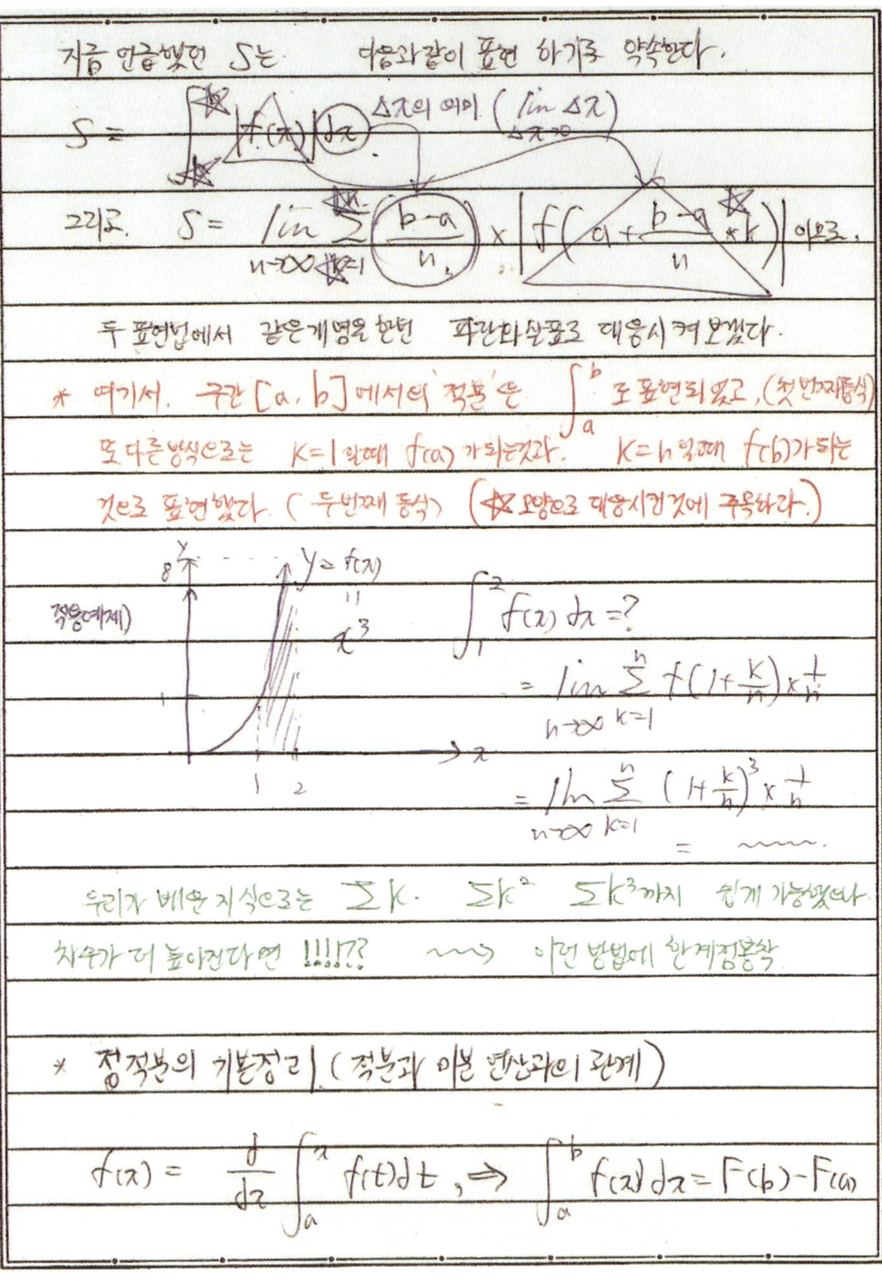

지금 언급했던 S는 다음과 같이 표현 하기로 약속한다.

$$S = \int_{☆}^{☆} f(x)\,dx$$

Δx의 의미 ($\lim_{\Delta x \to 0} \Delta x$)

그리고 $S = \lim_{n\to\infty} \sum_{k=1}^{n} \frac{b-a}{n} \times f\left(a + \frac{b-a}{n} k\right)$ 이므로.

두 표현법에서 같은 개념을 한번 화살표로 대응시켜 보겠다.

* 여기서, 구간 [a, b]에서의 '적분'은 $\int_a^b$로 표현되어 있고, (첫번째 등식) 또 다른 방식으로는 k=1 일때 f(a)가 되는 것과, k=n 일때 f(b)가 되는 것으로 표현했다. (두번째 등식) (☆ 모양으로 대응시킨 것에 주목하라.)

적용예제)

$$\int_1^2 f(x)\,dx = ?$$

$$= \lim_{n\to\infty} \sum_{k=1}^{n} f\left(1+\frac{k}{n}\right) \times \frac{1}{n}$$

$$= \lim_{n\to\infty} \sum_{k=1}^{n} \left(1+\frac{k}{n}\right)^3 \times \frac{1}{n}$$

$= \sim\sim\sim$

우리가 배운 지식으로는 Σk, Σk^2, Σk^3까지 쉽게 가능했었다.

차수가 더 높아진다면 !!!!?? ~~> 이런 방법에 한계점 봉착

* 정적분의 기본정리 (적분과 미분 연산과의 관계)

$$f(x) = \frac{d}{dx}\int_a^x f(t)\,dt \Rightarrow \int_a^b f(x)\,dx = F(b) - F(a)$$

* 극댓값의 정의 : 함수가 $x=a$ 에서 기점으로 증가 상태에서 감소상태로 전환될때의 함수값을 극댓값이라 한다.

고등학교 과정에서는 '연속함수'로 한정짓는다.

⇔ 도함수의 부호가 (+) ⟶ (−)로 전환되는 지점!의 함수값

극값에 대한 오해 : $f'(a)=0$ 이면 $x=a$에서 극값을 갖는다?

~~> 이런 편법은 극값의 정의가 증가·감소 상태의 상호 전환 즉, 도함수의 음·양 부호변화와 일치한다는 사실에서 나온것이다. 도함수의 부호가 변하는 경계점에서의 도함수값이 0 일것이라는 사실에 착안한것이지만, 이것은 불완전한것이다. 여기에서는 도함수가 '연속'이어서 중간값정리가 성립한다는 조건이 결여되어 있기 때문이다.

부정 적분의 개념 (여기서 '부정'이라는 말에 주목해야 한다.)

* 극점과 증가·감소를 배우는 궁극적인 목적은 그래프개형 그리기이다.

① $f'(x)$의 그래프를 통해 $f(x)$의 그래프 추정하기.

$y=f'(x)$

\+ − + + + +

$x=a$에서, $y=f'(x)$의 $f'(x)$값은 $x=a$에서 $y=f(x)$의 기울기이다! (순간변화율, 접선의 기울기)

심화 : 위로 볼록 / 아래 볼록 같은 구체적인 굴곡은 심화과정 [illegible] 내용이지만, 우리도 파악할수 있다. 바로 위의 파란글씨의 연습을 통해...

너 자신을 뛰어넘어라!

개정증보판 1쇄 2014년 1월 20일
2쇄 2014년 1월 23일

지은이 김동환
펴낸이 김 욱
펴낸곳 뜻이있는 사람들
경영 지원 이문자
교정 교열 김명신
마케팅 김청운
총괄 디자인 안덕영

등록번호 제16-2943호
등록일자 2003년 2월 14일
주소 서울특별시 광진구 구의동 251-68 1층
전화 02) 6238-0323
팩스 02) 6328-0323
이메일 skw1118@hanmail.net

ISBN 978-89-90629-22-7 (03810)

*값은 뒷표지에 있습니다.
*잘못된 책은 구입하신 서점에서만 교환해드립니다.

printed in korea

2006.07.13

성적통지표

2006학년도 1학기 2학년 1학기기말고사_종합 2반 2번

학생명 : 김동환 담임교사 (이종대) 인

과목	지필/수행 구분	고사 / 영역명	만점	점수	계	성취도	석차/재적수
국어	지필	1학기 중간고사	80.0	51.0			
	지필	1학기기말고사지필	80.0	61.0			
	수행	1학기중간수행	20.0	19.0			
	수행	국어책 필기	5.0	4.0	74.0	미	31 / 162
	수행	국어 발표력	5.0	4.0			
	수행	생활국어책 필기	5.0	4.0			
	수행	생활국어 발표력	5.0	5.0			
도덕	지필	1학기 중간고사	70.0	55.0			
	지필	1학기기말고사지필	70.0	70.0			
	수행	2년1학중간도덕	30.0	26.0	89.5	우	12 / 162
	수행	2년1학기말도덕	30.0	28.0			
사회	지필	1학기 중간고사	60.0	59.0			
	지필	1학기기말고사지필	60.0	49.0			
	수행	2년1학중간사회	40.0	40.0	91.5	수	30 / 162
	수행	1학기 기말 국사수행	20.0	17.0			
	수행	1학기 기말 사회수행	20.0	18.0			
수학8-가	지필	1학기 중간고사	70.0	70.0			
	지필	1학기기말고사지필	100.0	69.0	82.5	우	18(5) / 162
	수행	2년1학중간수학	30.0	26.0			
과학	지필	1학기 중간고사	80.0	77.0			
	지필	1학기기말고사지필	80.0	63.0			
	수행	중간수행	20.0	20.0			
	수행	1학기기말과학관	10.0	8.0	89.0	우	26 / 162
	수행	1학기기말퀴즈	8.0	8.0			
	수행	1학기기말공책검사	2.0	2.0			
기술· 가정	지필	1학기 중간고사	60.0	48.0			
	지필	1학기기말고사지필	60.0	48.0			
	수행	1학기중간수행	40.0	38.0			
	수행	주머니만들기	15.0	13.0	84.0	우	19(2) / 162
	수행	노트및태도	5.0	3.0			
	수행	기말기술노트	5.0	4.0			
	수행	기말기술모형자전거	15.0	14.0			
체육	지필	1학기기말고사지필	60.0	45.0			
	수행	2년1학중간체육	100.0	93.0	87.0	우	31(2) / 162
	수행	1학기기말수행	40.0	36.0			
음악	지필	1학기기말고사지필	60.0	48.0			
	수행	2년1학중간음악	100.0	84.0	84.0	우	37(3) / 162
	수행	1학기기말고사수행	40.0	36.0			
미술	지필	1학기기말고사지필	20.0	19.0			
	수행	2년1학중간미술	100.0	97.0	96.0	수	17(3) / 162
	수행	2년1학기말미술	80.0	76.0			
영어8-a	지필	1학기 중간고사	100.0	99.0	90.75	수	23(2) / 162

장충중학교

2006.07.13

과목	지필/수행 구분	고사 / 영역명	만점	점수	계	성취도	석차/재적수
영어8-a	지필	1학기기말고사지필	60.0	48.0	90.75	수	23(2) / 162
	수행	1학기 수행	30.0	27.0			
	수행	1학기말영어듣기	10.0	7.5			
한문	지필	1학기 중간고사	70.0	63.0	91.25	수	47(3) / 162
	지필	1학기기말고사지필	70.0	59.5			
	수행	2년1학중간한문	30.0	30.0			
	수행	1학기기말수행	30.0	30.0			
컴퓨터	지필	1학기 중간고사	50.0	37.5	87.75	우	17(2) / 162
	지필	1학기기말고사지필	50.0	40.0			
	수행	2년1학중간컴	50.0	48.0			
	수행	실기평가(한글97) 및 태도	50.0	50.0			

출석상황

수업 일수	결석 질병	결석 무단	결석 기타	지각 질병	지각 무단	지각 기타	조퇴 질병	조퇴 무단	조퇴 기타	결과 질병	결과 무단	결과 기타	특기사항
104	0	0	0	0	0	0	0	0	0	0	0	0	

가정통신문

개별 가정통신	전체 가정통신
명석하고 밝고 명랑한 성격으로 맡은 일에 할려고 하는 의욕이 돋보이나. 장난끼가 다소 심하고 장차 지도자로서의 자질이 충분히 보이고 있는 봐, 솔선수범하는 마음의 자세가 극히 요구됩니다. 이런 여름방학을 치밀한 계획 하에 보람되고 알차게 보내주시길 바랍니다.	학급소집일: 시간: 2006년7월19일 수요일 정각 10:00시 장소: 2학년2반 교실 학교개학일: 2006년8월19일 토요일 08:30 개인별 봉사활동 시간 8시간 실시 및 봉사증 제출(개학날)

가정에서 학교로